Das Buch

Seit Thomas John vier Jahre alt ist, hat er Kontakt zur »anderen Seite«: Er kann die Geister der Toten sehen und mit ihnen kommunizieren. Die Seelen Verstorbener melden sich bei ihm, um Botschaften für ihre Hinterbliebenen ins Diesseits zu übermitteln, und die Lebenden suchen den Kontakt zu ihren Lieben im Jenseits.

In diesem Buch berichtet das außergewöhnliche Medium von seinen zahlreichen Jenseitskontakten. Seine Geschichten sind berührend, spannend und eröffnen faszinierende Einblicke in die geistige Welt. Vor allem aber sind sie voller Trost, Liebe, Vergebung und Hoffnung, denn unsere Freunde und Verwandten sind immer noch bei uns. Sie kümmern sich um uns. Sie wachen über uns.

Der Autor

Thomas John ist eines der populärsten Medien in den USA, zu seinen Klienten zählen Prominente wie Jennifer Lopez und Courteney Cox. Auf seinen weltweiten Veranstaltungen begeistert er ein großes Publikum mit eindrucksvoll präzisen Botschaften, die er aus dem Jenseits übermittelt.

www.mediumthomas.com

Thomas John

WAS
TOTE
ÜBER DAS LEBEN
WISSEN

Wahrhaftige und unglaubliche
Botschaften aus dem Jenseits

Aus dem Amerikanischen
übertragen von Jochen Lehner

WILHELM HEYNE VERLAG
MÜNCHEN

Die amerikanische Originalausgabe erschien 2015 unter dem Titel
Never Argue with a Dead Person bei Hampton Roads Publishing,
Inc., Charlottesville, USA.

MIX
Papier aus verantwor-
tungsvollen Quellen
FSC® C014496

Verlagsgruppe Random House FSC® N001967

Taschenbucherstausgabe 08/2016

Copyright © 2015 by Thomas John
Copyright © 2016 dieser Ausgabe
by Wilhelm Heyne Verlag, München,
in der Verlagsgruppe Random House GmbH
Neumarkter Straße 28, 81673 München
Alle Rechte sind vorbehalten.
Printed in Germany
Redaktion: Katrin Ingrisch
Umschlaggestaltung: Guter Punkt, München
Umschlagmotiv: © sutham / shutterstock
Satz: Leingärtner, Nabburg
Druck und Bindung: GGP Media GmbH, Pößneck
ISBN 978-3-453-70298-1

www.heyne.de

Für meine Großmutter Rita –
Vorbild, Fan und beste Freundin.
Danke für deine ewige Liebe.
Hinter dem Regenbogen finden wir uns wieder.

Die folgenden Berichte beruhen auf persönlichen medialen Sitzungen oder »Readings« mit meinen Klienten. Ich gebe sie so aus dem Gedächtnis wieder, wie sie sich ereignet haben. Sie sind, was meinen Teil als Hellseher und Medium angeht, also völlig authentisch, aber zum Schutz der Privatsphäre anderer habe ich zum Teil Mischcharaktere gebildet, alle Namen von Lebenden und Toten geändert und Örtlichkeiten und Lebensumstände abgewandelt, die eine Identifizierung erlauben könnten.

Inhalt

Mit den Verstorbenen leben

Nicht dass ich Angst vor dem Sterben hätte, ich möchte nur nicht dabei sein.

WOODY ALLEN

Wumm! – Ich erinnere mich noch gut, wie ich mit vier, ganz allein in meinem Zimmer, von einem unbekannten, ohrenbetäubenden Geräusch aus dem Schlaf gerissen wurde. Da lag ich nun in meinem Bett und sah an die mit Leuchtstickern übersäte Decke, die das gespeicherte Tageslicht jetzt als fahles grünes Leuchten wiedergaben. Ich hatte einen roten Schlafanzug an, mit weißen Füßen. In einem war ein kleines Loch, durch den ein Zeh herauslugte.

Ich holte meine Taschenlampe unter dem Bett hervor und schwenkte den Lichtkegel hin und her. Mein Papa hatte sie mir gegeben, damit ich Schattenspiele machen konnte, wenn ich Angst hatte oder einfach nicht gern allein sein mochte. »Dann musst du mich nicht unbedingt wecken«, hatte er gesagt.

In dem Ritterburg-Hochbett, das mein Onkel mir gebaut hatte, fühlte ich mich sicher, und so schaute ich um den Kopfteilpfosten herum. Ich richtete die Lampe auf den Kleiderschrank und sah etwas, das ich nie vergessen werde. Da war etwas Dunkles und Nebelhaftes, so als hätte sich schwaches Licht zu etwas verdichtet. Das Bild eines Mannes zeichnete sich ab. Er war gekleidet, wie ich ihn vielfach auf alten Fotos gesehen hatte. Ich erkannte ihn sofort, ich musste nicht erst überlegen. Es war beinahe so, als hätte ich sein Erscheinen erwartet, als hätte ich mich jede Minute dieser vier kurzen Jahre meines Hierseins darauf vorbereitet.

»Puppa!«, rief ich. Ich hatte keine Angst, eigentlich war ich nicht einmal überrascht, ich saß da und staunte.

Eine tiefe Stimme sagte: »Jack hat meine Armbanduhr, Junge. Sag das Mama und Papa. Ich hab dich lieb.« Dann verschwand die Erscheinung. Was die Worte bedeuteten, wusste ich nicht.

Aber gleich darauf hörte ich die Tür zum Schlafzimmer meiner Eltern aufgehen, und zwei Sekunden später, ich stand inzwischen mitten im Zimmer, flog die Tür auf, und mein Vater stand in Boxershorts und Baumwollsocken da. »Was ist hier los?«, wollte er wissen.

»Puppa war da!«, rief ich. »Puppa ist gekommen.«

»Du hast Puppa gesehen?«, fragte er barsch. »Meine Güte, Junge, was redest du da?«

Ich fing an zu weinen. Gleich war mein Vater da und nahm mich auf den Arm. Er küsste mich auf die Wange. So kannte ich ihn – er polterte los, und dann tat es ihm leid. »Ist schon gut, mein Kleiner. Nachts passieren manchmal komische Sachen.«

So begann mein Leben als Medium, als Seher, Wahrsager und Mystiker. Sehr bald ging mir auf, dass »komische Sachen« nicht nur nachts passieren, sondern den ganzen Tag – und mir eigentlich ständig. Noch im gleichen Jahr lernte ich, dass die Toten zwar tot sein mögen, aber doch noch eine Menge zu sagen haben und es meine Aufgabe ist, ihnen zuzuhören. Als Kinder lernen wir, beim Überqueren der Straße in beide Richtungen zu schauen und von Fremden keine Süßigkeiten anzunehmen. Ich musste zusätzlich lernen, dass man den Toten besser nicht widerspricht. Sie wissen oft mehr als die Lebenden.

Als Hellseher und Medium verfüge ich über zwei besondere Fähigkeiten: Ich habe Zukunftsvisionen und sehe, woher die Leute kommen und wohin sie gehen. Und als Medium kann ich Kontakt mit den Geistern Verstorbener aufnehmen. Zusammen laufen diese beiden Gaben darauf hinaus, dass ich eine Menge Stimmen höre und viel zu sehen bekomme. Es erstaunt die Leute, es beschäftigt sie, bringt sie durcheinander und fasziniert sie. Bei einer Cocktailparty ist es der beste und zugleich der schlechteste Beruf, den man haben kann – die Leute wollen entweder den ganzen Abend mit einem reden oder sie meiden einen wie die Pest.

Es geht mir aber gar nicht darum, Sie zum Glauben an hellsichtige Medien zu überreden. Ich möchte Sie nicht vom Leben nach dem Tod überzeugen. Ich habe nicht einmal vor, Ihnen von mir zu erzählen (auch wenn ich dieses Buch schreibe). Es ist ein Buch über Menschen, die von uns gegangen sind und uns doch weiterhin lieben und leiten. Es sind Geschichten von Klienten, die im Laufe der Jahre bei mir waren, von Herzen bereit, etwas von drüben zu hören, und voller Vertrauen, dass ich sie auf den richtigen Weg führen würde. Es soll in diesem Buch anhand von Einzelberichten erkennbar werden, wie ungemein heilsam die Kontaktaufnahme mit der anderen Seite sein kann, mit unserem »Geist-Team« von Engeln, geliebten Menschen und Führern.

Bei dieser Arbeit wird man immer wieder mit unglaublichen Geschichten und lebensverändernden Erlebnissen konfrontiert. Und mir geht es beim Schreiben dieses Buchs vor allem darum, die Erlebnisse zu schildern und die damit verbundenen Fragen nach bestem Vermögen zu beantworten. Sie werden viel über mein Leben und meine Arbeit erfahren, aber eigentlich möchte ich, dass Sie das von den Verstorbenen Mitgeteilte als Inspiration für Ihren eigenen Lebensweg nutzen. Denken Sie jedenfalls nicht, Sie sollten jetzt ein ganzes Buch über die Toten anderer Leute lesen. Nein, es ist kein Buch über Tote. Es handelt von universal gültigen Mitteilungen und dem, was aus ihnen zu lernen ist; es handelt von Heilimpulsen, wie wir sie uns alle wünschen.

Wer sich von drüben meldet, kann dafür die unterschiedlichsten Gründe haben. Es kann sich um eine Beschreibung oder Mitteilung handeln, mit der bekräftigt wird, dass der- oder diejenige sich tatsächlich in der Welt der Geister aufhält. Das kann durch die Übermittlung von Namen und Daten geschehen, durch bestimmte Informationen über ihr Leben, mit denen die Person etwas anfangen kann, die mir gerade gegenübersitzt. Das ist zwar in mancher Hinsicht der spannendste Teil eines medialen Readings, einfach weil es unseren Alltagsverstand herausfordert, aber für die Lösung der Probleme und Fragen, mit denen man zu einem Medium geht, gibt es nicht unbedingt viel her. Was man hier an »Bestätigung« bekommt, bestätigt vielfach nur das, was man ohnehin schon weiß, etwa bestimmte Erinnerungen oder wichtige Namen und Details.

Solche Mitteilungen können zwar die Verbundenheit bekräftigen und verstärken, aber sie dienen nicht der spirituellen Entwicklung meiner Klienten oder bewegen sie zu einschneidenden Änderungen in ihrem Leben. Dazu kommt es erst durch Mitteilungen einer anderen und weitaus bedeutsameren Art, nämlich wenn ein Geist sich meldet und den Kontakt zu den Lebenden sucht, weil er etwas Wichtiges und Lehrreiches für ihr Leben zu vermitteln hat. Dabei kann es um Liebe und Dankbarkeit, um glückliche Fügung oder auch um Vergebung gehen. Die Toten können uns vieles über das Leben auf der Erde sagen, und sie können uns auf mancherlei Weise leiten. Viele Menschen sind innerlich allzu sehr mit der Vergangenheit beschäftigt – was wir hätten tun sollen oder können oder was wir gern getan hätten. Wir sind mit dem falschen Menschen ausgegangen, haben den falschen Menschen geheiratet, haben zu viel Geld ausgegeben oder die falsche Stelle angenommen. Passiert irgendetwas Schlimmes, plagen wir uns mit Schuldgefühlen, statt zu sehen, dass dadurch womöglich positive Entwicklungen angebahnt werden, wenn wir es nur zulassen. Die Toten betrachten diese Erde ganz anders, nämlich als Klassenzimmer und Spielplatz, wo immer etwas zu lernen ist und wir aus allem Guten oder Schlechten wichtige Lehren ziehen können.

Wenn wir den Körper verlassen, sieht unser Geist das Leben und seine Probleme von einer ganz anderen Warte aus. In dieser neuen Klarheit ist der Geist eines verstorbenen geliebten Menschen geradezu darauf versessen, uns aus seiner neuen Sicht der Dinge heraus zu helfen. Geister lassen die gewöhnlichen Dinge des Lebens, von denen wir mehr oder weniger stark besetzt sind, hinter sich.

Ich werde oft gefragt, ob die Geister wirklich um uns sind, und die Antwort lautet Ja und Nein, was nicht unbedingt leicht nachzuvollziehen ist. Manchmal sage ich scherzhaft, dass die Toten ihr eigenes Leben haben und nicht überall gleichzeitig sein können. Tatsächlich sind sie sehr oft um uns, aber sie gehen immer wieder auch ihren eigenen Dingen nach. Sie haben drüben, auf der anderen Seite, Aufgaben und Pflichten; viele Geister haben sich bei Readings zu Wort gemeldet und mir von Ihren Aufgaben in der Welt erzählt, doch das ist eine andere Geschichte. Mit Sicherheit kann ich aber nach Tausenden Readings mit Gruppen, bei Einzelsitzungen in meiner Praxis in Chelsea oder am Telefon sagen, dass sie wirklich mit uns kommunizieren möchten. Sie freuen sich über die Verbindung, und das ist so, weil sie uns lieben. Die Verbindung hilft uns, aber sie ist auch für die Geister gut. Sie gehört zu ihrem »Job« auf der anderen Seite. Indem sie die Lebenden unterweisen, können die Geister in höhere Dimensionen aufsteigen. Um solche universalen Botschaften und Unterweisungen soll es in diesem Buch gehen.

Eine andere häufig gestellte Frage, vielleicht die häufigste überhaupt, lautet: »Sehen Sie die Toten?« Diese Frage ist grundsätzlich erst mal mit Ja zu beantworten, aber es kommt auch vor, dass ich sie nicht sehe. Es hängt davon ab, wie der betreffende Geist sich mitteilen möchte. Das kann durch Zeichen und Symbole sein, durch bildhafte Eindrücke aus seinem Leben, durch persönliche Erfahrungen. Häufig zeigen sie sich auch in körperlicher Gestalt, weshalb ich dann sagen kann, dass ich die Toten sehe. Aber ich sehe auch Bilder, ich habe Empfindungen und höre Laute, und aus all dem entsteht ein Gesamteindruck, dem ich entnehme, mit wem ich es zu tun habe und was dieser Geist mitteilen möchte.

In diesem Buch werden Sie nicht viel von »Superbewusstsein«, »Chakren«, »Channeling« und esoterischen Dingen dieser Art hören. Ich möchte alles sehr einfach und direkt halten. Ich erzähle Ihnen ganz freimütig fünfzehn Geschichten aus meiner Praxis als eines der gefragtesten Medien New Yorks, und jede dieser Geschichten gibt die Botschaft eines Verstorbenen wieder. Manche sind anrührend (wie die von der Mutter, die kam, um ihrer Tochter zu verzeihen, von der sie versehentlich getötet worden war), andere etwas gruselig (wie die von der Frau, die eine Nachricht von ihrem toten Mann bekam, den sie am Leben glaubte und mit dem sie nach dem Reading zum Essen verabredet war), und wieder andere sind wirklich unglaublich (wie die von den beiden Verliebten, die durch den Tod ihrer beiden Väter zusammenfanden). Bei allen aber handelt es sich um wahrheitsgetreue Wiedergaben meiner Begegnungen mit Verstorbenen. Manche trugen sich in meiner Praxis zu, andere in einem Drogeriemarkt Ecke 19th und 8th Avenue, in dem ich mich recht häufig aufhalte, wieder andere auf der Linie A der New Yorker U-Bahn nach einer langen Nacht im »Meatpacking District« genannten Szeneviertel. Manche entwickeln sich absehbar, aber einige werden Sie überraschen. Ich hoffe, Sie können lachen oder auch weinen und vielleicht hier und da ratlos dreinschauen. Jedenfalls gebe ich mir Mühe, es Ihnen so leicht wie möglich zu machen.

Natürlich wünsche ich mir, dass Ihnen dieses Buch gefällt. Aber ob Sie nun zustimmend oder skeptisch reagieren, es würde mich schon freuen, wenn ich Sie davon überzeugen könnte, dass uns die Toten viel zu sagen haben. Es ist ein Buch voller Augenblicke, die sich wirklich so zugetragen haben, aber teils so unglaublich sind, dass sogar ich mich manchmal frage: »Kann das wahr sein?« Auch wenn die Geschichten einerseits ganz konkret sind und von einer verstorbenen Tante oder Großmutter erzählen – die Botschaften, die da an die Lebenden übermittelt werden, sagen uns etwas, wir verstehen sie, und wir können Heilung in ihnen finden. Es geht hier letztlich nicht um bestimmte Gestalten oder um Botschaften und Geschichten für bestimmte noch lebende Menschen, sondern um die Bedeutung, die für uns alle in der Verbindung mit der anderen Welt liegen kann.

Manche sagen, sie könnten etwas erst glauben, wenn sie es sehen, aber für mich ist es genau andersherum: Erst wenn wir es glauben, können wir es auch sehen. Es bleibt also zu hoffen, dass Sie durch die Lektüre dazu kommen, an die andere Seite zu glauben und sie besser zu verstehen. Ich jedenfalls habe, was die Toten angeht, eines wirklich verstanden, nämlich dass sie eine Menge zu sagen haben und dass sie in der Regel recht behalten. Widersprechen Sie Ihnen also besser nicht.

Die Sache mit der verschwundenen Armbanduhr

Vor allem aber betrachte die Welt ringsum mit offenen, funkelnden Augen, die größten Geheimnisse verbergen sich nämlich immer da, wo man sie nicht vermutet. Wer nicht an Magie glaubt, der findet sie auch nicht.

ROALD DAHL

Meinen Großvater habe ich aus meiner Kindheit als einen auf sehr markante Art gut aussehenden Mann in Erinnerung. Er war groß, hager und trug immer Flanellhemden. Seine Kleidung war einfach – kariertes Hemd, abgewetzte Jeans und immer diese ausgetretenen ledernen Arbeitsstiefel mit ihren dicken Sohlen. Seine Gesichtshaut hatte etwas Ermattetes und zugleich Gespanntes, die Augen waren blutunterlaufen, vielleicht ein Überbleibsel seiner schweren Jahre in der Armee oder auch ein Ausdruck seiner unglücklichen Ehe mit meiner alkoholabhängen Großmutter. Er hatte dichtes Haar, das nur an den Schläfen ein wenig zu ergrauen begann. Manches bedauerte er in seinem Leben, zum Beispiel dass er während der gesamten Kindheit meines Vaters eine Geliebte gehabt hatte oder dass es ihm nicht möglich war, irgendeinem Menschen zu vertrauen. Er war von sehr stillem

Auftreten. Wenn er ein Zimmer betrat, hoben sich die Blicke, aber er verschwand dann immer gleich wieder. Ich war vier, als wir einander das erste Mal begegneten. Wir trafen uns immer nur in der Nacht. Er kam in mein Zimmer, sprach eine Weile leise mit mir und ging dann wieder. Ich bin der einzige Mensch, zu dem er je sagte: »Ich hab dich lieb.« Es wäre stark untertrieben, meine Beziehung zu meinem Großvater als ungewöhnlich zu bezeichnen. Das Sonderbarste an dieser Beziehung liegt in dem Umstand, dass mein Großvater fünf Jahre vor meiner Geburt gestorben ist.

Er war gelernter Elektriker und hatte während seiner fünfunddreißigjährigen Laufbahn im Staatsdienst kaum je einen Tag gefehlt. Er führte ein ziemlich uninteressantes Leben. In seiner Ehe war er unglücklich, hatte immer Liebschaften nebenher und ertränkte seine Angst und Unsicherheit in der Kneipe. Darunter litt die Beziehung zu meinem Vater sehr. Innerhalb der Familie wurde darüber jedoch nie gesprochen. Mein Großvater starb zwei Jahre vor der Eheschließung meiner Eltern an Krebs, und es blieb von ihm nicht viel mehr als ein Erinnerungsfoto. Er ließ sich nicht gern fotografieren, sodass nur ganz wenige Schwarz-Weiß-Aufnahmen von ihm existieren. Bei Familientreffen war nicht viel von ihm die Rede. In allem, was ich von meinen Verwandten hörte, war er als unermüdlicher Arbeiter dargestellt, der jeden Morgen früh aufstand. Er gehörte offenbar zu den Menschen, die glauben, Ruhe und Schlaf stünden einem erst nach vollen zwölf Stunden Arbeit zu. Er diente vier Jahre in der Armee, und dieses Erlebnis bewog ihn wohl zu der besonderen Strenge, mit der er meinen Vater erzog. Er sei ein

Mann weniger Worte gewesen, hieß es immer, einer, der lieber schwieg. Er sprach dem Alkohol gehörig zu, war aber im betrunkenen Zustand nie streitsüchtig oder unangenehm. »Er war ein stiller Säufer, aber doch ein Säufer«, merkte meine Cousine Mary, seine Nichte, trocken an, wenn beim jährlichen Besuch in ihrem kleinen Haus im Hinterland von New York die Sprache auf ihn kam.

Als kleiner Junge hatte ich sehr lebhafte Träume, in denen ich die geradezu körperlich präsenten Farben, Empfindungen und Gefühle als ganz real erlebte. Ich hatte auch normale Träume wie jeder andere, von denen mir nach dem Aufwachen surreale Bilder und Szenen stundenlang in Erinnerung blieben. Es kam aber auch vor, einmal die Woche vielleicht, dass ich einen wild bewegten Traum mit geradezu glühenden Farben, riesigen Formen, überaus klaren Empfindungen und Gefühlen einer sehr ursprünglichen Art hatte – Träume, die aus einer anderen Dimension zu kommen schienen.

Meine Eltern erzählen, dass ich sie dann, mit drei oder vier Jahren, mitten in der Nacht aus dem Schlaf riss, um ihnen sofort alles brühwarm zu erzählen. Meine Träume erschienen ihnen, wie meine Mutter mir später einmal erzählte, beinahe übernatürlich und sehr sonderbar, so detailreich und real erschien alles. Ich schilderte dann alle Einzelheiten, alle Farben – und das in einer Sprache, über die ein Vierjähriger eigentlich noch nicht verfügt. Es kam auch vor, dass ich von Menschen zu berichten hatte, und da handelte es sich meist um kürzlich verstorbene oder im Sterben liegende Verwandte. Meinen Eltern kam das alles derart abstrus vor, dass sie außerhalb der Familie Rat suchten, und so kam es, dass ich die nächsten Jahre an

Therapeuten, Priester, Rabbiner und alle möglichen anderen Leute herumgereicht wurde, von denen sich meine Eltern Hilfe versprachen. Etliche dieser Leute ermunterten mich allerdings, auch weiterhin mit den Toten zu sprechen. Ein katholischer Priester, den meine Eltern mit mir aufsuchten, als ich zehn war, sagte sogar, die Bibel sei von »besonderen Menschen« verfasst worden, die man als »Mystiker« und »Seher« bezeichnete – und es gebe tatsächlich Menschen mit besonderen Gaben, die mit den Toten kommunizieren könnten. »Das sind Engel, die mit dir sprechen«, sagte Father Michael zu mir.

Mein Großvater war der Erste, der mich besuchte, und er erscheint mir bis heute immer wieder spätabends in meinem Schlafzimmer. Unsere Beziehung hat sich aber inzwischen verändert. Wenn mein Großvater heute auftaucht, geht es eher darum, dass er nach mir sieht und Hallo sagt. Beim ersten Mal verstand ich nicht, was er wollte. Ich nahm den Besuch als einen Traum, ich wusste noch nicht, dass es sich um etwas anderes handelte – vielmehr, dass *ich* anders war. Bei seinen ersten Besuchen sprach mein Großvater nicht viel. Ich erinnere mich, dass ich seinen Anblick als tröstlich empfand, als würde sich etwas Warmes in der Brust ausbreiten. Mit der Zeit hatte er dann aber doch bestimmte Mitteilungen zu machen. So erzählte er mir von seinem Erbe und wie unerfreulich er den Umgang meiner Großmutter mit seiner Hinterlassenschaft fand. Einmal teilte er mir etwas über ihre Gesundheit mit, was sich am nächsten Tag als zutreffend erwies. Mein Großvater hatte viele Geheimnisse, und jetzt in der Rückschau denke ich, dass er mich deshalb schon in so jungen Jahren besuchte, weil er eine Gelegenheit brauchte, sich diese Geheimnisse von der Seele zu reden. Irgendjemand sollte wissen, wer er war, denn in seinen fünfundsiebzig Jahren auf der Erde hatte es niemand wirklich gewusst.

Einmal weckte ich meine Eltern in der Nacht, um Ihnen zu sagen, dass Opa Leo in meinem Schlafzimmer war. Das ging schon ein paar Jahre so: Mein Großvater besuchte mich mitten in der Nacht, ich weckte meine Eltern, sie kamen in mein Zimmer und mussten feststellen, dass meine Behauptung nicht zutraf. Meine Mutter fand, das gehe jetzt einfach zu weit. Ich gab an meine Eltern weiter, Puppa könne sich nicht erklären, weshalb Jack jetzt im Besitz seiner kostbaren Armbanduhr war, obwohl es sein Wunsch gewesen war, dass seine Frau sie haben sollte. Die Uhr lag meinem Vater sehr am Herzen. Er hatte für Leo eine Rolex gekauft und auf den Rücken »Für Papa, in Liebe, Tom« gravieren lassen (ja, ich trage den Vornamen meines Vaters). Ich murmelte noch schläfrig etwas von einem »Sparesel«, bat um einen Schluck Wasser und wollte dann wieder ins Bett gebracht werden.

Meine Eltern waren sprachlos. Jack war der beste Freund meines Großvaters gewesen. Ich hatte schon früher von der Uhr gesprochen, aber jetzt war es das erste Mal, dass ich Jack erwähnte. Er und mein Großvater hatten sechzehn Jahre lang gemeinsam in dieser Elektrofirma gearbeitet. Mit dem Sparesel konnte zunächst niemand etwas anfangen, bis nach einigen Monaten meine Großtante Rose einmal zu Besuch war und ohne den Zusammenhang zu kennen von etwas erzählte, das meinem Großvater besonders viel bedeutet hatte: von einer Spardose in der Gestalt eines Esels, die sie in der Vorwoche in ihrer Dachkammer gefunden hatte. Meine Eltern hatten jahrelang überall nach der Armbanduhr gesucht. Sie war der einzige persönliche Besitz meines Großvaters, den mein Vater wirklich gern gehabt hätte. Drei Tage nach dessen Tod war sie auf geheimnisvolle Weise verschwunden. Jetzt kam mein Großvater als Geist zu uns, um uns zu sagen, wo die Uhr war, aber meine Eltern glaubten ihm immer noch nicht, und es sollten bis zum Umdenken noch Jahre vergehen.

Zur Feier des siebten Geburtstags meiner Schwester kam Jack zu Besuch. Er wohnte eine Stunde weit weg, kam aber trotzdem sehr gern zu Familienereignissen und schickte auch immer wieder mal Karten aus dem Urlaub oder zu Geburtstagen.

Meine Eltern bezeichneten ihn und meinen Großvater scherzhaft als »seltsames Paar«, denn Jack war wirklich in so mancher Hinsicht das genaue Gegenteil meines Großvaters. Jack war klein, Leo war von stattlichem Wuchs gewesen; Jack wirkte immer gepflegt, Leo dagegen eher schlampig und nicht sehr auf sein Äußeres bedacht; Jack besaß eindrucksvolle dunkle Augen, die einen geradezu ansprangen, während mein Großvater tief liegende blaugraue Augen gehabt hatte; und schließlich dachte Jack liberal, während mein Großvater sein Leben lang konservativ eingestellt gewesen war. Aber so unähnlich sie einander auch gewesen waren, Jack hatte Leo auf seine intuitive Art und Weise verstanden. Er war sogar, wie Leo ihn kurz vor seinem Tod wissen ließ, der Einzige, der ihn wirklich kannte und schätzte.

Zum Geburtstag brachte Jack meiner Schwester eine Barbie-Puppe und Haarklemmen mit Motiven aus *Der*

Zauberer von Oz mit, alles sorgsam, wenn auch kunstlos in weiße Servietten verpackt. Was als Geburtstagsfeier für ein kleines Mädchen begann, verwandelte sich bald in etwas anderes. Die Männer saßen mit Zigarren und Bier am Kartentisch, während die Frauen in der Küche über die letzte Elternbeiratssitzung sprachen und sich an süßem Gebäck gütlich taten. Ich verfolgte die dunstgeschwängerte Szene von meinem Platz am Wohnzimmerboden aus.

Irgendwann fiel auch der Name meines Großvaters, und das war eigentlich immer so, wenn Jack der Runde angehörte. Die Männer riefen sich gegenseitig in Erinnerung, dass er nur drei Flanellhemden besessen hatte, die er abwechselnd getragen und selten gewaschen hatte. Jemandem fiel ein, dass er Tiere eigentlich gehasst hatte, aber einmal eine streunende Katze aufgenommen und wie eine kleine Königin behandelt hatte. Dann gedachten sie schmunzelnd seiner Verachtung für die Demokratische Partei und dass Politik eigentlich das Einzige war, womit man ihn zum Reden hatte bringen können. »Diesen Liberalen hat er es immer ordentlich gegeben«, warf Jacks Sohn Rick von der gegenüberliegenden Seite des Tisches ein, und die ganze Zeit klatschten die Karten auf den Tisch. Jemand hatte kein Bier mehr, und es wurde überlegt, ob man Nachschub besorgen und zu einer anderen Spielvariante übergehen solle.

Dann, urplötzlich und für mich deutlich spürbar, änderte sich die Atmosphäre. Sogar der Rauch verschwand für mich, und es wurde ganz still. Mir erschien, sehr blass, die Gestalt meines neben mir am Boden kauernden Großvaters. »Jetzt pass auf«, flüsterte er, sein Gesicht wie schwebend direkt neben meinem, ätherisch, als würde ein altes Dia auf den Tabakrauch projiziert. Ich blickte gespannt und mit angehaltenem Atem zwischen der gespenstischen Erscheinung neben mir und den diskutierenden Männern am Tisch hin und her, die offenbar nichts von dem mitbekamen, was ich sah.

Sekunden Später dröhnte eine laute Stimme vom Pokertisch her. »Unglaublich, dass ich immer noch diese Rolex habe«, lachte Jack. »Die war das Einzige, wofür er wirklich Sinn hatte, stimmt's, Tommy?«

Alle Farbe wich aus dem Gesicht meines Vaters. »Ja«, bestätigte er. »Wer möchte noch Bier? Mickey? Soll ich dir eins holen?« Er war sichtlich erschüttert und stand mit einem Ruck auf, wobei er ein Glas Wasser umwarf.

Er ging schnurstracks in die Küche, aber dort nicht wie sonst direkt zum Kühlschrank, um nach dem üblichen Ritual ein Bier herauszuholen und mit der anderen Hand gleich zum Öffner zu greifen. Nein, er wirkte verstört und strich sich wie ratlos mit der Hand über den Kopf. Er öffnete nicht einmal den Kühlschrank, er tat gar nichts. Er stand nur da und kratzte sich den Kopf. Danach ging er direkt an mir vorbei, ich sah kleine Schweißperlen auf seiner gerunzelten Stirn. Er war tiefrot angelaufen, als hätte er ein paar Gläschen gekippt, nur dass sich die Röte noch tiefer und dunkler über sein ganzes Gesicht zog. Ich hatte meinen Blick von dem Spiel vor mir am Boden gehoben und beobachtete meinen Vater in der Küche. Ich krabbelte sogar zur Küchentür und steckte den Kopf durch den Perlenschnurvorhang, um besser sehen zu können. Mein Vater sprach in gepresstem Flüsterton und wild gestikulierend mit meiner Mutter, wobei er auf dem Vinylboden auf und ab stampfte.

Danach kehrte er an den Kartentisch im Wohnzimmer zurück, aber die Männer waren inzwischen zu ganz anderen Themen übergegangen. Carl erzählte stolz vom neuen Job seiner Frau im Justizministerium. Jack nippte an seiner Bierflasche und beschwerte sich über die Mucken seines 84er Mazda 323. Meine Mutter kam einmal kurz herein, stellte als eine Art Verlegenheitsgeste wortlos eine Schale mit Cashewkernen auf den Tisch und verschwand sofort wieder.

Nun war also der ganze Zusammenhang offenbar, die verschwundene Armbanduhr nach all den Jahren wiedergefunden, aber meine Eltern wirkten kein bisschen glücklicher. Die Mitteilungen, die mein Großvater als Geist gemacht hatte, waren zwar jetzt bestätigt, doch das brachte ihnen keine Erleichterung. Sie wirkten eher bestürzt, wenn nicht erbost.

Jack starb einige Jahre später, wir haben die Uhr nie von ihm zurückbekommen. Sie war einfach nirgendwo zu finden. Ich denke gern, mein Großvater habe diese eine Habseligkeit, die ihm etwas bedeutete, die er wie sonst nichts lieb und teuer hielt, mit in den Himmel genommen. Alles, worauf er stolz war, lag in dieser Armbanduhr: seine Pünktlichkeit, seine Zuverlässigkeit und sein Sohn.

Wir sprachen nie wieder über diesen schicksalsschwangeren Abend, an dem wir von Jack erfuhren, dass die Uhr die ganze Zeit über bei ihm gewesen war. Meine Eltern scheuten es, sich den ganzen Zusammenhang zu vergegenwärtigen, wenngleich darin, wie ich damals schon spürte, auch etwas Tröstliches für sie lag. Das Ganze ging über ihren Horizont, sie verfügten auch nicht über die

Sprache, mit der sie die Dinge hätten einordnen oder über sie sprechen können. Es ging danach auch immer weniger um die Armbanduhr als Erinnerungsstück, sondern sie wurde zum Symbol der Liebe meines Großvaters zu seinem Sohn, meinem Vater, zum Inbegriff alles Wertvollen an diesem stolzen, fleißigen Menschen.

In der Zeit um meinen dreiundzwanzigsten Geburtstag fragte ich ihn bei einem seiner häufigen Besuche ganz direkt: »Weshalb war es für dich so wichtig, Papa vom Verbleib deiner Rolex zu unterrichten? Weshalb wolltest du, dass sie gefunden wird – du wusstest doch, wie viel Unruhe dadurch entstehen würde?«

Sein Geist stand bei diesem Besuch als junger Mann im Vollbesitz seiner Kraft vor mir. Er lächelte spitzbübisch und sagte: »Weil es hier drüben all die Vorstellungen von Geheimnissen und Rätseln nicht mehr gibt, an die wir im Leben geglaubt haben. In dieser Welt herrschen Licht und Klarheit, ein klares Wissen um die Wahrheit, zu dem es auf der Erde kaum jemals kommt. Es gehört zu unseren Aufgaben, Licht in die dunklen Ecken unseres früheren Lebens zu bringen. Wir müssen zumindest versuchen, die Menschen, die vielleicht gar nicht so genau Bescheid wissen wollen, über die wahren Zusammenhänge aufzuklären.«

Ich vergegenwärtigte mir das alles, so gut ich konnte, und nickte.

Ungefähr ein Jahr später saß ich einmal mit meinem Vater vor dem Ferienhaus der Familie in New Hampshire. Wir setzten ein Puzzle zusammen, wie wir es manchmal gern taten, und tranken dazu ein Bier. Ich bastelte an einer Ecke, er in der Mitte. Wir plauderten über die jüngste

Niederlage unserer Baseballmannschaft und dergleichen nette Nebensächlichkeiten. Es war ein dunkelblauer, klarer Abend mit funkelndem Sternenhimmel. Ich sah, wie mein Vater den Blick mit einem langen, tiefen Atemzug vom Himmel löste und zu Boden sinken ließ. Ganz unvermittelt fragte er: »Du meinst also, dass es Opa gut geht da oben?«

»Ja, Papa, das glaube ich«, erwiderte ich ein wenig befangen.

»Aber wie kannst du das wissen?« Zum ersten Mal an diesem Abend sah er mich direkt an.

»Ich weiß es einfach. *Wissen* ist manchmal nicht ganz richtig. Du *spürst* es eher. Es ist ein Gefühl …« Ich brach ab. Mir fielen all die merkwürdigen nächtlichen Besuche meines Großvaters ein, seine Mitteilungen an mich und die Dinge, die er mich im Laufe der Jahre ausrichten ließ. Ich dachte über dieses Leben nach, das mein Großvater von meiner Kindheit an so entscheidend mitgeprägt hatte. Er hatte so viele Geheimnisse und so viel Rätselhaftes aufgeklärt, und das alles zog jetzt vor meinem inneren Auge vorbei. Das Leben ist ein Mysterium, unsere Zeit auf dieser stofflichen Ebene zieht im Nu vorbei. Das einzig Bleibende ist der Wandel, und nur durch ihn entdecken wir all die Wunder, die für uns bestimmt sind. Ich genoss die tiefe Verbindung, die ich zwischen mir, meinem Vater und meinem Großvater jenseits von Raum und Zeit spürte; sie war nicht an dieses Leben gebunden – und ich wünschte mir, sie würde ewig währen.

»Ist schon gut«, sagte mein Vater und schwieg eine ganze Weile. Dann zündete er sich eine Zigarette an, atmete den Rauch tief ein. »Ich verstehe, was du meinst«, ergänzte er und atmete ebenso tief wieder aus.

Die Sterne leuchteten vom Himmel auf uns herab und wärmten unsere Seele, und in diesem Augenblick wusste ich ohne jeden Zweifel, dass mein Großvater über uns wachte.

Eine ungeplante Rettung

Vielen von euch habe ich etwas bedeutet, nur eben nicht genug!

JAY ASHER: Thirteen Reasons Why
(Tote Mädchen lügen nicht)

Caroline Small saß geduldig in meinem Wartezimmer, während ich den Praxisraum für eine Reading-Sitzung vorbereitete. Ich war einige Wochen unterwegs gewesen, hatte Freunde und Angehörige besucht, und dies war jetzt der erste Tag, an dem ich mich wieder zu Readings in der Stadt aufhielt. Immer wenn ich mich für längere Zeit von der anderen Seite abkopple – was nicht oft vorkommt –, nehme ich mir anschließend gern ein wenig Zeit, um wieder ganz in meiner Praxis anzukommen und mich auf bevorstehende Readings einzustimmen. Tatsächlich ist mir die Welt der Geister jederzeit gegenwärtig, doch der Kontakt verändert sich ein wenig, wenn ich nicht direkt mit Readings, also mit medialen Jenseitskontakten, befasst bin. Ich werde oft gefragt, ob mir immer bewusst ist, was um mich her vorgeht, ob ich also ständig die Geist-Welt sehe. Werde ich den ganzen Tag von Toten belagert und muss mir schnurrige Durchsagen von Geistern anhören? Ich antworte dann gern mit einem Vergleich aus dem Straßenverkehr. Angenommen, Sie fahren eine halbe Stunde und sehen dabei Hunderte Fußgänger und Fahrzeuge, große, kleine, Lastwagen, Lieferwagen und was nicht alles. Würde man Sie am Zielort nach den Farben aller Fahrzeuge fragen, würden Sie sich kaum an alle erinnern. Vielleicht fiel Ihnen ein Wagen besonders ins Auge, und Sie wissen die Farbe noch, aber die meisten anderen wären Ihnen inzwischen entfallen. So geht es mir auch, wenn ich einfach unterwegs bin und mich nicht gezielt auf irgendetwas einstimme. Bei der Arbeit dagegen gebe ich sehr genau acht, ich stimme mich ein und nehme alles genau wahr. Deshalb sehe ich dann mehr, und es bleibt auch mehr haften – ungefähr so, als würden Sie sich am Beginn Ihrer Fahrt darauf einstellen, alles unterwegs sehr bewusst wahrzunehmen. In dem Fall würden Sie sich am Ende der Fahrt an deutlich mehr Fahrzeuge erinnern.

Ich räucherte den Praxisraum mit Salbei aus und nahm mir Zeit für Gebete, bevor ich Caroline empfing. Als ich noch eine kurze Meditation anschloss, begann ich, die Anwesenheit eines männlichen Geists zu spüren. Vom visuellen Eindruck her war es ein gut aussehender Typ, dunkles Haar und dunkle Augen, vielleicht gut dreißig Jahre alt. Er achtete offenbar sehr auf sein Äußeres, seiner Hautfarbe nach hätte er ein Grieche oder Italiener sein können.

»Bist du wegen meiner nächsten Klientin hier?«, fragte ich ihn.

»Allerdings«, erwiderte er. »Ich bin ihr toter Verlobter.« Er zwinkerte mir zu.

Ich hatte Caroline kurz beim Betreten der Praxis gesehen, sie war etwas vor der vereinbarten Zeit gekommen. Sie war eine junge New Yorkerin, auch in den Dreißigern, mit kurzem hellblondem Haar, frischem Lipgloss und sorgfältig manikürten French Nails. Sie wirkte wie das Ebenbild der erfolgreichen Upper-East-Side-Geschäftsfrau. Ich siedelte sie innerlich irgendwo in der Publicity oder im höheren Marketing einer Firma an. Sie trug einen geblümten Rock mit weißer Bluse, dazu schlichte Goldohrringe. Wie sie da im Wartezimmer saß und in einer *Elle* blätterte, hätte sie selbst ein seriöses Katalog-Model sein können. Ihre weißen Schuhe glitzerten in der durchs Fenster hereinfallenden Sonne, und neben ihr am Boden stand eine ausladende Kate-Spade-Tasche voller Zeitschriften. Als ich beim Betreten der Praxis an ihr vorbeiging, hatte sie gelächelt und kurz von ihrer Evian-Flasche aufgeblickt.

Jetzt war ich fertig mit den Vorbereitungen und öffnete die Tür zum Wartezimmer.

»Kommen Sie doch herein«, sagte ich. Sie stand lächelnd auf und ging an mir vorbei in den Praxisraum. »Nett, Sie kennenzulernen«, sagte sie wie in gespannter Erwartung.

Es wurde eine sehr ungewöhnliche Sitzung. Etwa achtzig Prozent meiner Klienten nehmen meine Dienste für den Kontakt zu Verstorbenen in Anspruch. Ich bin zwar sowohl Hellseher als auch Medium, aber bei meiner Arbeit in der Praxis sind meist meine Künste als Medium gefragt. Diese Frau nun wollte ausschließlich die Zukunft vorausgesagt haben und hatte das so auch bereits unter »Sonstige Mitteilungen« in ihrer Anmeldung formuliert:

Sie wollte ausschließlich Ihre Zukunft geweissagt haben, insbesondere die Entwicklung ihres Liebeslebens.

Nun wusste ich aber bereits um die Anwesenheit ihres verstorbenen Verlobten, und mir war klar, dass wir diese Sache aufarbeiten mussten und es nicht einfach bei ihrem künftigen Liebesleben belassen konnten. Wenn Tote während einer medialen Sitzung auftauchen, so viel wusste ich, müssen sie auch mitreden dürfen, weil sie mich sonst einfach nicht mehr in Ruhe lassen.

Ich spürte auch gleich wieder diesen Mann, der vorher schon da gewesen war, todschick gekleidet – gut sitzender Anzug, weißes Hemd, keine Krawatte, polierte Schuhe. Er wirkte äußerst gepflegt, und offenbar war ihm völlig bewusst, dass er in die Sitzung reinplatzte, aber es stand ihm seiner Überzeugung nach zu. Er war sehr selbstbewusst, das spürte ich sofort. Er wollte Kontakt aufnehmen, er hatte Wichtiges zu sagen.

Einleitend sagte ich: »Also, Sie möchten einfach nur die Zukunft geweissagt haben und wissen, wie sich Ihr Liebesleben entwickeln wird.«

»Ja, so ist es. Ich wüsste wirklich gern, wann ich meinem Seelengefährten begegnen werde – alles, was Sie in diesem Zusammenhang ausmachen können. Mich plagt der Gedanke, dass ich allein bleiben könnte. Ich fühle mich da blockiert.«

»Das können wir natürlich machen«, sagte ich. »Wären Sie auch bereit für alles, was ich sonst noch sehen oder spüren könnte?« Ich überlegte, wo dieser Geist wohl seinen Platz in dem ganzen Zusammenhang finden könnte.

»Eigentlich schon«, sagte sie ein wenig unsicher. »Ich weiß natürlich nicht, was das im Einzelnen sein könnte.«

Alles Mögliche begann jetzt in mir aufzublitzen, lauter Bruchstücke von Bildern in meinem Kopf. Seltsame Szenen liefen da ab, vorwiegend Szenen mit dieser Frau und ihrem Verlobten. Von dessen Tod wusste ich bereits, aber ihr hatte ich davon noch nichts gesagt.

»Na ja«, antwortete ich, »es kommt vor, dass Leute bei solchen Readings etwas ganz Bestimmtes erfahren möchten und dann ganz andere Dinge zu hören bekommen. Wenn solche anderen Dinge auftreten sollten, würden Sie die auch hören wollen?«

»Ich glaube schon«, sagte sie, aber sehr überzeugt klang es nicht.

Und so nahm diese Sitzung ihren Lauf. Ich schloss die Augen, sprach ein Schutzgebet und öffnete mich für alles, was sich bieten mochte.

Fast augenblicklich zeichnete sich etwas ab. »Ich habe eben den Namen ›Florentis‹ gesehen, wie auf einem Schild, danach ein Restaurant. Es wirkte italienisch«, beschrieb ich ihr.

Ihr Gesicht zeigte den Anflug eines Lächelns, wurde aber gleich wieder ganz gefasst und neutral. Für mich sah es so aus, als sei sie unangenehm berührt.

»Ich kenne das Lokal, es hat etwas mit meinem früheren Verlobten zu tun. Ich möchte lieber etwas über die Zukunft wissen«, wies sie mich an. Sie stotterte ein wenig.

»Ja, verstehe«, sagte ich. »Ich versuche nur einzuordnen, was ich da sehe.« Ich spürte ihre Nervosität.

Als ich mich einstimmte, erschien gleich wieder der Mann, den ich vorher schon gesehen hatte. Das fand ich allmählich etwas seltsam, schließlich hatte Caroline mich eigens aufgefordert, nicht die Verbindung zu Verstorbenen zu suchen. Noch eigenartiger war, dass dieser Mann jünger wirkte und meinem Gefühl nach auf tragische Weise ums Leben gekommen war. Es überraschte mich, dass sich jemand in ein Reading hineindrängte, obwohl meine Klientin eindeutig auf etwas ganz anderes aus war.

Bei solchen wahrsagerischen Sitzungen beziehe ich meine Informationen weniger von Verstorbenen als vielmehr von »Führern«, wie ich sie nenne. Führer sind Energiewesen, die uns mit unserem höchsten und innersten Wissen über einen bestimmten Sachverhalt verbinden. Sie geben uns Einblick.

Ich fragte also meine Führer und Carolines Führer nach der künftigen Entwicklung ihres Liebeslebens, und es kam – nichts. Ihre und meine Führer hatten offenbar nicht im Sinn, über ihr Liebesleben zu sprechen. Es kam nichts Eindeutiges an Information durch. Aber innerlich hörte ich: »Weit, weit weg«, als eine Art tiefes Flüstern, das von meinem dritten Auge ausging.

Oje. Das war nun wirklich nicht die Antwort, die ich ihr gern gegeben hätte. Sie suchte hellseherischen Aufschluss über ihr Liebesleben, und ich musste ihr sagen, dass sie damit wohl noch eine Weile warten musste. Da bei meiner Arbeit vieles Auslegungssache ist, sagte ich ihr, wir müssten noch warten, bis sich etwas Starkes und Klares abzeichnete. Hörte ich vielleicht falsch? Ich musste gut aufpassen.

»Ich muss mit ihr sprechen«, ließ mich der Geist des jungen Mannes wissen. Ich hörte seine Stimme geradezu überlaut in meinem Kopf.

»Haben Sie Schwierigkeiten mit Ihrem Reading für

mich?«, fragte sie. Ich konnte nachvollziehen, dass mein Drucksen sie nicht gerade zuversichtlich machte.

»Nein, gar nicht«, gab ich zurück, »ich bekomme nur dauernd Informationen, die nicht zu Ihrem Anliegen passen.«

»Die Zeit vergeht nämlich ziemlich schnell«, fuhr sie mit einem Blick auf die neben mir stehende Uhr fort. Kein Zweifel, sie war richtig irritiert.

»Das ist mir klar«, sagte ich. »Ich möchte aber sicherstellen, dass Sie die bestmögliche Auskunft bekommen.«

Dann gleich wieder der Geist: »Ich muss unbedingt mit ihr sprechen. Sie wird keine Liebe finden, solange sie nicht mit mir in Kontakt tritt.«

Es blieb mir nichts anderes übrig, als es ihr mitzuteilen: »Ich muss wirklich über diesen verstorbenen Mann sprechen, der ständig um Sie ist.«

»Davon will ich überhaupt nichts hören! Ich möchte einfach nur wissen, wie die Aussichten für mein Liebesleben sind. Das hier geht mir jetzt allmählich auf die Nerven. Sie sind offenbar kein besonders guter Hellseher.«

»Hören Sie, ich glaube, dass Ihr verstorbener Verlobter hier ist. Sie müssen einfach mal nachgeben, wenn Sie etwas von dieser Sache haben wollen. Sie schreien mich an, und das setzt mich nur immer mehr unter Druck.«

Alle Farbe wich aus ihrem Gesicht. Ihre Augen begannen zu schwimmen, und eine Träne rollte, dann weitere. Ich wusste warum. Ich hatte alles auf eine Karte gesetzt und sie wissen lassen, dass ihr Verlobter da war. Das war keine Vermutung, ich wusste es.

»Richard?«, fragte sie leise.

»Einen Namen habe ich bis jetzt noch nicht gehört, aber hier ist ein Mann, und dieser Mann ist gestorben, und er sagt, er sei Ihr Verlobter und bei einem Autounfall ums Leben gekommen, und er müsse Sie unbedingt erreichen. Solange Sie diese Sache nicht zum Abschluss bringen, sagt er, wird Ihnen die Liebe verschlossen bleiben, die Sie sich wünschen.«

Ich beschrieb seine äußere Erscheinung. »Das hat er an dem Tag getragen, an dem er gestorben ist«, bestätigte sie. »Er fehlt mir so sehr, wissen Sie? Ich spüre nie, dass er um mich ist.«

»Möchten Sie denn mit ihm in Verbindung treten?«, fragte ich. »Mein Eindruck ist, dass es für Sie gut wäre, von diesen Dingen zu erfahren.«

»Ist er es, der verhindert, dass ich neue Liebe finde? Ich frage nur, weil wir etwas ganz Besonderes miteinander hatten und es mir jetzt so vorkommt, als würde ich alle anderen daran messen.«

»Nein, er steht nicht im Weg«, erklärte ich. »Aber Sie müssen verstehen, dass es um eine wirklich ernste Sache geht. Er ist gestorben, und Sie brauchen Hilfe, um Ihren Weg fortsetzen zu können.«

Sie schwieg und blickte zu Boden.

»Wenn Sie mehr Zeit möchten, um darüber nachzudenken, kann ich das verstehen«, sagte ich.

»Nein, nein, ich möchte mit ihm sprechen. Er fehlt mir so, aber er ist tot, nicht wahr, und ich lebe und brauche die Verbundenheit mit jemandem, der hier ist. Ich muss hier lieben, es genügt nicht, von einem Toten geliebt zu werden.«

»Ich bin ganz sicher, dass er Ihnen genau dabei helfen

möchte«, sagte ich. »Wir müssen uns aber mit dem befassen, was der Geist Ihnen zu sagen hat. Sie können das nicht übergehen, nur weil es Sie traurig macht.«

»Nein, sicherlich nicht«, erwiderte sie.

Ich musste jetzt auf ein neues Programm umschalten. Von nun an würde ich mich auf den Kontakt zu einem Verstorbenen konzentrieren, und das ist etwas ganz anderes als der Einsatz meiner hellseherischen Fähigkeiten zur Zukunftsschau. Es ist wirklich nicht immer einfach, die Dinge einigermaßen sauber zu trennen, aber ich wusste, dass sich die Welt der Geister selten irrt: Wenn mir die Geister etwas zu verstehen geben oder mich mit etwas beauftragen, muss ich gut zuhören.

Richard ließ eine Szene vor mir entstehen. Ich verfolgte eine Autofahrt und hörte Musik im Hintergrund. Ich hörte genau hin und erkannte schließlich Donna Summers »Last Dance«.

Ich berichtete Caroline von meinen Eindrücken, und sie bestätigte sofort, dass es sich um den Moment vor dem schrecklichen Unfall handelte. »Sie sehen da ... unsere letzten ... unsere letzten Augenblicke«, stammelte sie. Ich sah, wie traurig und zugleich hilflos sie war. »Wissen Sie«, fuhr sie fort, »ich habe schließlich überlebt und er nicht ..., und daran hängen eine Menge Schuldgefühle.«

»Ja, das wird mir jetzt klar«, pflichtete ich ihr bei.

»Ich hätte auch tot sein können. Ich lag ein halbes Jahr im Krankenhaus und musste lauter Operationen und was nicht alles über mich ergehen lassen. Es war schrecklich.«

»Und lief in dem Moment tatsächlich ›Last Dance‹?«

Die Tränen liefen jetzt und zogen Spuren von Make-up

und Mascara durch ihr Gesicht. Ich schob ihr die Schachtel mit Papiertüchern zu und gab mir Mühe, gefasst zu bleiben.

»Wie soll ich denn weitergehen können mit dem Gedanken, dass er hätte überleben können, wenn ich gestorben wäre?«, fragte sie schluchzend. »Ich glaube, ich habe da ein handfestes Überlebenden-Syndrom.«

»Und eine neue Beziehung kann das nicht auflösen«, legte ich nach. »Eine neue Liebe, ein neuer Mann kann das nicht einfach so heilen. Sie sind ja noch voll in der Trauerphase. Damals haben Sie sich auf die Trauer gar nicht erst eingelassen.«

»Nein, überhaupt nicht«, gab sie zu.

Richard zeigte mir ein Herz an einer Silberkette. Das kam mir gelegen, denn Caroline brauchte eindeutig noch mehr Glaubwürdiges, um sich ganz auf die Zusammenarbeit mit mir einlassen zu können.

»Ein Schmuckstück mit einem silbernen Herzen, sagt Ihnen das was?«, fragte ich.

»Ja, das hat mir Richard zu unserem Jahrestag geschenkt, ich habe es noch.« Sie weinte wieder. »Das geht jetzt wirklich tief. Das ist echt.«

»Er versucht einfach, Dinge ins Spiel zu bringen, die Ihnen viel bedeuten und die für die Beziehung stehen. Er will Ihnen sagen, dass er sich gut erinnert, dass er versteht.«

Sie nickte, als wüsste sie, was ich meine, aber ich war mir nicht ganz sicher, ob sie wirklich verstand.

Es hatte als der Versuch begonnen, das künftige Liebesleben dieser Frau vorherzusehen, ein Anliegen, das sicher viele Frauen ihres Alters teilen – und jetzt ging es auf einmal um die Frage, wie diese Frau ihren furchtbaren Verlust verwinden konnte.

Und als wäre das nicht alles schon sonderbar genug, spürte ich eine Veränderung des Lichts im Zimmer. Die Lampe neben meinem Stuhl flackerte ein wenig. Es wurde sogar spürbar kälter im Raum.

Kein Zweifel, Richard hatte nicht einfach nur mal vorbeigeschaut. Hier ging es um mehr, als dass er jetzt drüben war und Caroline fehlte, um viel mehr. Es erwarteten uns Mitteilungen einer tieferen Art.

Mich interessierte vor allem, weshalb sich Richard an diesem Tag praktisch gewaltsam Zutritt verschaffte. Er zeigte mir eine kleine Pistole, dann ein Nachtkästchen, cremefarben und mit Messingknäufen. Meine Güte, was denn noch?

Ich beschrieb Caroline meine Eindrücke.

»Nein, sagt mir nichts«, erwiderte sie schnell.

»Hatten Sie eine Pistole?«

»Nein.« Ihre Antwort zeigte keinerlei Gefühlsfärbung.

Ich begegne in meiner privaten Praxis Menschen jeder Art und aller Altersstufen, und es mag an meinen hellseherischen Fähigkeiten liegen oder einfach auf gesundem Menschenverstand beruhen – jedenfalls besitze ich ein sehr feines Gespür für Wahrheit und Unwahrheit. Ich wusste einfach, dass Caroline etwas verschwieg. Ihre Reaktionen waren auffallend uneinheitlich. Erst gebe ich ganz konkrete Mitteilungen ihres Verlobten an sie weiter und sehe Dinge, zu denen sie ganz klar einen Bezug hat, aber dann sehe ich eine Pistole in einer Nachttischschublade und sie kann nichts damit anfangen. Wie passt das zusammen?

Ich blieb also hart: »Tja, merkwürdig, ich sehe nämlich eine Pistole, und ich sehe ein Schlafzimmer mit weißen und beigefarbenen Möbeln.«

»Keine Ahnung«, lautete ihre Antwort.

Ich sagte mir, es sei wohl das Beste, das einfach mal so stehen zu lassen und schweigend abzuwarten. Wir saßen also eine Weile einfach nur da. Die Dinge sollten ihren natürlich Lauf nehmen, das war mir wichtig. Es war eine Art stummes Tauziehen. Ich sah sie an und wartete auf das Eingeständnis dessen, was ich schon wusste.

»Also gut, ich habe eine Pistole«, sagte sie schließlich.

»Wozu haben Sie eine Pistole im Schlafzimmer?«, fragte ich und ließ meine Sorge deutlich anklingen.

»Ich weiß nicht, es ist eigentlich dumm … ja, richtig blöd.«

Ich richtete mich auf. »Caroline, haben Sie an Selbstmord gedacht?«

Es dauerte einen Moment, bis sie zugab: »Ja, manchmal.«

»Caroline«, ich sprach jetzt mit deutlich erhobener Stimme, »ich möchte, dass Sie das verdammte Ding wegschmeißen!«

»Ja, ich glaube, das kann ich. Jetzt kann ich es.«

»Ich glaube das auch«, sagte ich. »Und deshalb werde ich nachher mit Ihnen nach Hause gehen.«

Normalerweise achte ich auf strikte Abgrenzung vom Privatleben meiner Klienten. Ich halte das für notwendig, damit ich möglichst weitgehend neutral bleiben kann. Aber gelegentlich muss ich hier über meinen Schatten springen und eher das Herz als den Kopf über mein Handeln entscheiden lassen. Ich musste einfach sichergehen, dass diese Pistole aus dem Haus kam, und außerdem sollte sie wissen, dass ich für sie da war wie vielleicht sonst noch nie jemand.

Wir beendeten die Sitzung. Richard hatte noch ein paar weitere überzeugende Anhaltspunkte geliefert, aber vor allem war er laut und deutlich bei Caroline angekommen. Sie hatte sich von mir Aufschluss über ihren nächsten Freund erhofft, den sie auf irgendeiner Internetplattform zu finden gedachte, und was hatte sie erreicht? Möglicherweise die Rettung ihres Lebens. So, jetzt wissen Sie auch, weshalb ich den Toten eher über den Weg traue als den Lebenden.

»Gut, dann wollen wir uns mal diese Pistole holen«, sagte ich.

»Jetzt?«

»O ja, Carolin, *jetzt!*«

In der U-Bahn sprachen wir nicht viel miteinander. Es war vier Uhr nachmittags, und ich hatte nach Caroline »zufällig« keine weiteren Klienten (es hatten Anmeldungen vorgelegen, die ich aber »aus irgendeinem Grund« bereits in der Vorwoche verlegt hatte). Der Zug rollte vor sich hin ins Dunkle, wir schwiegen, und der ganze Wust all der Enthüllungen verdichtete sich in mir zu Kopfschmerzen.

Einmal sprach sie mich an und fragte: »Ich bin noch nicht bereit für eine neue Liebe, oder?«

»Wir sind alle immer bereit, Caroline. Wir sind Menschen, wir wünschen uns die Liebe. Es kann aber sein, dass erst einmal Vorbereitungen zu treffen sind. Die Dinge haben ihre Reihenfolge: erst Schusswaffen in den Müll, dann neuer Freund.«

Es war alles so verrückt, wir mussten einfach lachen. Ich war dankbar, dass der Geist sie irgendwie zu mir geführt hatte und sie auf diese Weise etwas erfahren konnte, was ihr weiterhalf.

Als wir Carolines Einzimmerwohnung betraten, brannte in der Küche Licht, und wir wurden von ihrer Freundin Margie empfangen. Um jedes peinliche Gefühl bei dieser Aktion auszuschließen, hatte ich Carolin gebeten, jemanden hinzuzurufen, der oder die ihr besonders vertraut war. Carolin hatte Margie von meiner Praxis aus angerufen.

Die beiden Frauen waren ungefähr gleichaltrig und beste Freundinnen seit ihrem ersten Studienjahr. Margie war der einzige Mensch gewesen, mit dem sie in dem Jahr nach dem Tod ihres Verlobten Umgang gehabt hatte – nicht einmal ihre Angehörigen hatte sie damals sehen wollen.

»Wo ist sie?«, fragte ich.

»In der Schublade … im Nachttisch«, sagte Caroline.

»Geladen?«, wollte Margie wissen.

Carolines »Ja« fiel sehr kleinlaut aus.

»Du lieber Himmel, eine geladene Pistole?«

»Du hast ja recht, Margie, aber ich bin eben so traurig.«

»Mein Gott, und ich hatte keine Ahnung. Du kannst doch immer mit mir reden, Caroline.« Sie lief zu ihr hin und legte ihr die Hände auf die Schultern.

Wir gingen zusammen ins Schlafzimmer. Ich blieb mit Caroline vor dem Bett stehen, sie griff nach meiner Hand. Die Atmosphäre war dicht und gespannt und griff auf uns über. Margie ging zum Nachttisch und zog die Schublade auf, ich reckte den Hals, um zu sehen, was darin war.

Tatsächlich, da lag die kleine schwarze Pistole, die ich in meiner Vision gesehen hatte. Das ist ein komisches Gefühl, etwas in der Realität zu sehen, was mein verrücktes Hellseherhirn mir vorher gezeigt hat.

»Allmächtiger«, ächzte Margie, als sie sich umdrehte und uns ansah. Caroline schüttelte nur den Kopf.

Margie packte die Pistole und entlud sie augenblicklich. Caroline und ich zuckten zusammen, eine wirklich beängstigende Szene. Für einen Moment zweifelte ich an meinem Realitätssinn. War ich hier wirklich in einer fremden Wohnung mit einer Katze, zwei fremden Frauen und einer Schusswaffe? War das mein reales Leben?

»Sie haben nur diese eine, oder?«, fragte ich Caroline, obwohl ich intuitiv bereits wusste, dass sie keine weitere Waffe besaß. Sie nickte. Ich atmete erleichtert durch.

Deutlich entspannter verließen wir mit der jetzt ungefährlichen Pistole die Wohnung und wandten uns draußen in Richtung Hudson River, die Waffe in einer Plastiktüte, die Patronen in einer anderen. Mir war immer noch etwas bang, ich fand noch keine Ruhe. Es ging auf sieben Uhr zu und dämmerte bereits. Wir hatten vor, die Waffe in den Fluss zu werfen. Es sollte eine Zeremonie sein, zu der Caroline auch ein Foto von Richard mitbrachte, damit er Zeuge sein konnte. Natürlich wussten wir, dass es keines Fotos bedurfte, er war ohnehin dabei und verfolgte alles.

Als wir die Uferböschung hinabstiegen, ging mir dieser Tag mit seinen Verwicklungen durch den Kopf. Der Geist hatte den Anlass eines ganz harmlos beginnenden Readings genutzt, um eine handfeste Intervention in die Wege zu leiten.

Auch für Caroline war es ein ereignisreicher Tag gewesen, der Tag eines großen Umdenkens und einer neuen Betrachtungsweise ihrer Probleme. Sie war ihrem verstorbenen Verlobten begegnet und hatte endlich begonnen, sich mit einigen wunden Punkten auseinanderzusetzen. Vielleicht war es der Tag, der ihr das Leben rettete.

»Bereit?«, fragte ich und sah sie an. Sie hielt die entladene Pistole in der Hand.

»Und wie«, sagte sie.

»Machen Sie sich bitte klar, dass Sie nicht einfach diese Pistole wegwerfen können, und damit ist dann alles erledigt. Versprechen Sie mir, dass Sie anschließend eine Therapie machen werden.«

»Versprochen«, sagte sie.

»Dann weg damit!«

Sie lachte und warf die Pistole wie einen Bumerang. Sie fiel platschend ins Wasser.

Unsere Erleichterung war groß. Als wir uns abwandten, sah Caroline mich an. In ihren Augen lag etwas Frohes, sie wirkten heller.

»Danke, Thomas, danke.«

»Danken Sie nicht mir«, sagte ich, »danken Sie Richard.«

Im nächsten Monat trafen wir uns zu einer weiteren Sitzung. So viel Heilsames war geschehen, was die Beziehung zu ihrem Verlobten anging, und jetzt war sie wirklich bereit für eine neue Liebe. Ihre Führer ließen zur Frage ihres weiteren Liebeslebens eine Menge durchsickern, auch dass im Verlauf des nächsten halben Jahres ein Mann in ihr Leben kommen würde.

Knapp eineinhalb Jahre später bekam ich einen Brief von ihr, aber es war kein Brief im eigentlichen Sinne, sondern die Einladung zu ihrer Hochzeit. Caroline begegnete, wie vorhergesagt, fünf Monate nach ihrer Sitzung mit mir ihrem Seelengefährten. Sie lernte ihn durch ihre Freundin kennen, er war bereits einmal verheiratet gewesen und hatte ein Kind. Das entsprach nicht unbedingt genau ihren Vorstellungen, aber sie verliebte sich Hals über Kopf in diesen Mann, der sich so fürsorglich und liebevoll um sie kümmerte.

Das Leben läuft nicht immer wie erwartet, und wir mögen noch so sorgfältig planen, manchmal laufen die Dinge trotzdem ganz anders. Als Caroline das erste Mal zu mir kam, rechnete sie überhaupt nicht damit, dass ihr verstorbener Verlobter irgendeine Rolle spielen würde. Auch ich hatte nicht damit gerechnet, dass es zu einem Verstorbenen-Kontakt kommen würde; ich hatte geglaubt, mir einfach anzusehen, was die Karten über ihr Liebesleben sagen würden. Der Verlauf der Sitzung war auch für mich überraschend. Und als Caroline an jenem Schicksalsabend neben Richard im Wagen saß und seine Hand streichelte und sie gemeinsam über Ausstattungsdetails der bevorstehenden Hochzeitsfeier nachdachten und ob Richards Mutter nicht wieder allen auf die Nerven gehen würde, rechnete sie ganz sicher nicht damit, dass er die nächste Kurve zu schnell nehmen würde, dass der Wagen gegen einen Baum krachen und man später seine Leiche in großer Entfernung vom Wrack finden würde.

Jeder Einzelne, der in meine Praxis kommt, hat eine Geschichte, und jeder Tote im Umfeld dieses Menschen hat etwas mitzuteilen. Caroline wollte etwas über ihre Aussichten auf eine neue Liebe hören, doch das war nicht der eigentliche Grund Ihres Kommens. Sie wollte von mir als Wahrsager Voraussagen bekommen, aber was sie dann durch Richards Intervention erfuhr, erwies sich als wesentlich ergiebiger für sie. Ohne diesen ungeplanten Verlauf der Sitzung hätte sie keinerlei Chance gehabt, sich für eine neue Liebe zu öffnen. Vieles lief hier unbewusst, und genau deshalb können sich die Dinge so verfestigen, dass sie uns blockieren. Und dann nimmt auf einmal alles eine unerwartete Wendung, wir werfen einen Blick in unser eigenes Inneres, und es geht uns ein Licht auf. Alles fügt sich zu etwas Klarem und Sinnvollem, alles ist gut.

Solche Augenblicke grenzen für mich ans Wunderbare. Wayne Dyer hat einmal gesagt, dass Wunder im Augenblick liegen, und für mich ist das buchstäblich wahr. Wenn es bei einem Reading zum Kontakt mit einem verstorbenen geliebten Menschen kommt, finden das manche Klienten zwar bemerkenswert, fragen dann aber nach, worin denn nun die Botschaft dieses Geistes besteht. Aber ist sein bloßes Auftreten nicht schon Mitteilung genug? Besagt sie nicht, dass die Geister unserer Verstorbenen um uns sind, dass sie uns lieben, dass Liebe nicht an die Gesetze der Naturwissenschaft gebunden ist? Für mich ist das allein eine ganz wunderbare Botschaft.

Mami soll Bescheid wissen

Eine glückliche Familie ist wie der Himmel auf Erden.

GEORGE BERNARD SHAW

»Komm, wir spielen Fangen!«, krakeelte der Geist eines Jungen, der mir im Drogeriemarkt erschien, wo ich gerade Zahnpasta kaufen wollte. Er grinste mich spitzbübisch an. Ich sah seinen dichten Blondschopf und die tief kristallblauen Augen. Er trug Jeans und ein Flanellhemd, verschränkte die Arme und streckte mir die Zunge heraus. Seine Haut war weiß wie Porzellan, die Wangen rosig, es hätte ein lebendiger kleiner Junge sein können, nur wusste ich eben, dass er tot war. Niemand außer mir konnte ihn sehen.

Die Toten teilen sich auf vielerlei Art mit. Manchmal können Sie uns Bilder oder Eindrücke vermitteln. Ich sehe das alles als äußere Manifestation oder innerlich in meiner Vorstellung. Wenn sich Geister sprachlich mitteilen, ist es ganz ähnlich. Es kann sich um telepathische Stimmen handeln, aber es kommt auch vor, dass ich jemanden sprechen höre, als säße ich mit einem Freund beim Kaffee. Ich sehe sie dann auch so real wie jemanden, der neben mir sitzt. Hier war es so, dass der Junge mit mir sprach, als stünde er mir tatsächlich gegenüber.

»Ha, ha, ha, ha, ha, ich bin tot, du kriegst mich nicht, du siehst mich nicht, du siehst mich nicht!«, rief er lachend weiter und verschwand.

Ich erkannte ihn, dieser Geist war mir die letzten Wochen schon einige Male begegnet. Allmählich kam mir das ein wenig merkwürdig vor. Er erschien vier- oder fünfmal am Tag, lachte aufreizend oder versuchte, mich aufzuziehen. Er hatte bereits mitten in der Nacht Dinge in meiner Wohnung verrückt und war mir auch im Traum erschienen. Dummerweise hatte ich keine Ahnung, wer er war, was er wollte oder wie ich ihn wieder loswerden konnte. Ich hätte ihm gern geholfen, aber immer wenn ich fragte, ob ich etwas für ihn tun könne, lief er lachend davon oder hinterließ vielleicht noch irgendeine kleine Bosheit. Es kommt immer wieder mal vor, dass junge Geister sehr verspielt sind und Katz und Maus mit mir spielen. Ich sagte mir, die Sache werde sich schon irgendwie von selbst klären.

Ich bog um eine Ecke in den nächsten Gang, wo ich mich nach Glühbirnen umsehen wollte. Während ich das Regal durchsuchte, fiel ein paar Schritte weiter ein Kabel vom Ständer. Ich schaute noch ungläubig hin, als der Geist des Jungen auch schon wieder erschien.

»Blablabla, du bist Maus, du bist aus, du bist raus, raus, raus«, und immer so weiter überschüttete er mich mit seinem krausen Wortsalat. Dabei lief er auf ein Regal zu und schubste eine Dose heraus, die zu Boden fiel. Als sie aufschlug kicherte er und schüttelte die Faust. Ich habe dergleichen schon mehrmals erlebt, aber ich staune doch immer wieder, wenn ein Geist physische Objekte bewegen kann.

Er führte sich so unmöglich auf, dass ich lachen musste. Auch in der geistigen Welt bleibt die Persönlichkeit bei vielen klar erkennbar. Dieser Junge war im Leben offenbar immer zu Späßen und Streichen aufgelegt gewesen, und jetzt verhielt es sich mit seinem Geist nicht anders. Aber was er mir eigentlich mitteilen wollte, wusste ich nach wie vor nicht.

»Was willst du?«, fragte ich. »Ich bin Hellseher, ich kann dich sehen. Niemand sonst kann dich sehen, nur ich.« Für mich war an seinem Verhalten abzulesen, dass er die Situation nicht gänzlich einzuschätzen vermochte. Wusste er überhaupt, dass ich ihn sah?

»Echt?«, fragte er und sah sich nach allen Seiten um, wie um sich zu vergewissern, ob andere Leute ihn anschauten.

»Wenn du mich sehen kannst, müsstest du wissen, was ich anhabe«, bohrte er weiter.

Ich dachte mir, er sei vielleicht noch nicht lange ein Geist und kenne sich noch nicht so ganz mit dieser neuen Situation aus. Manche Geister, die gerade erst die Erde verlassen haben und auf dem Weg ins Jenseits sind, realisieren nicht, dass ich sie sehe oder visualisieren kann. Erst nach einiger Zeit geht ihnen dann auf, dass manche der Lebenden sie sehen oder fühlen können.

Ich sehe Verstorbene nicht immer auf die gleiche Weise. Manchmal werde ich gefragt, ob ich die Geister auf der anderen Seite richtig sehe, und die Antwort lautet: je nachdem. Die Verstorbenen entscheiden selbst, wie sie sich mitteilen und gesehen werden möchten. Es kann sein, dass sie so auftreten, wie sie in Erinnerung bleiben möchten, beispielsweise jünger oder mit dem Aussehen, das sie vor dem Einsetzen der Krankheit oder in einem bestimmten Lebensabschnitt hatten. Sie können sich auch so zeigen, dass es die Menschen, denen sie sich mitteilen möchten, beruhigt oder ihnen die Möglichkeit gibt, die Beziehung für sich wirklich abzuschließen. Meist zeigen sie sich aber so, wie sie am ehesten in Erinnerung geblieben sind.

Mitunter sehe ich Geister nicht in körperlicher Gestalt, und selbst wenn es so ist, handelt es sich natürlich nur um Bilder. Sie zeigen mir einfach etwas, das ich dem Klienten oder Fragesteller dann beschreiben kann. Natürlich besitzen sie keine körperliche Gestalt mehr, aber sie können vorübergehend so erscheinen, um sich erkennbar zu machen.

Dem Jungen sagte ich schließlich ganz direkt: »Du hast ein Hemd und Jeans an.«

Er sah mich an und kaute auf den Lippen herum. Es dauerte ein paar Augenblicke, dann schrie er »Huuuuu-uuu!« und verschwand. Ich zuckte bei diesem plötzlichen Schrei ein wenig zusammen und dachte mir nichts weiter dabei. Wenn er mir oder wem auch immer etwas mitteilen wollte, würde er sich bestimmt wieder bei mir melden.

Für gewöhnlich ist es allerdings so, dass Geister, die mir erscheinen, schon wissen, was sie mitteilen wollen. Ich sehe den ganzen Tag immer wieder Tote, und wenn dieser Junge tatsächlich ein Anliegen hatte, würde er schon Mittel und Wege finden, sich mir verständlich zu machen, damit ich ihm helfen konnte. Innerlich stellte ich mich bereits darauf ein, dass er wieder auftauchen würde, um mir etwas anzuvertrauen, dass ich dann vielleicht weiterzuleiten hätte.

Ich bog in den nächsten Gang ein, und da stand er wieder. Er versperrte mir mit ausgebreiteten Armen den Weg.

»Hör mal«, sagte ich, »wenn du mir nicht sagst, was du möchtest, kann ich dir auch nicht helfen, und dann muss ich darauf bestehen, dass du mich in Ruhe lässt. Wenn du Hilfe brauchst, dann sag, um was es geht.« Ich wurde jetzt richtig streng. Ich lasse mich nicht gern von Toten schikanieren.

Es blieb eine Weile still, er besann sich offenbar.

»Ich muss mit meiner Mami reden. Ich heiße Ralph.« Er sprach ganz ernst. Eben noch der Geist eines nichtsnutzigen kleinen Bengels, jetzt auf einmal ein Wesen, das mich wirklich anrührte.

»Da kann ich dir vielleicht helfen«, sagte ich. »Ist deine Mutter eine von den Menschen, die zu mir kommen?« Es kommt häufig vor, dass mich Geister aufsuchen, wenn sie wissen, dass ihre Lieben unter den Lebenden vorhaben, mich zu konsultieren.

»Nein«, gab er beinahe schüchtern zurück.

»Also, dann weiß ich natürlich nicht, wie ich helfen könnte. Kenne ich deine Mutter anderswoher?«

»Sie ist vorne, Buhmann!«, rief er plötzlich.

»Vorne?«

»Ja, vorne, Schleicher, sie kauft ein!« Damit lief er lachend den Gang hinunter. Am Ende wandte er sich in Richtung der Kassen und zeigte dorthin.

»Mami!«, rief er.

Ich ging zu ihm hin, aber auf halbem Wege verschwand er wieder. Am Ende des Gangs sah ich zu den Kassen hinüber. Dort wurde gerade eine Frau in legerer Freizeitkleidung abgefertigt, Sweatshirt und Trainingshose, das Haar zu einem Knoten gesteckt.

Ihr Gesicht mit den dunklen Augenringen wirkte müde. Sie trug eine Goldkette, und ich schätzte ihr Alter auf gut dreißig, den Jungen auf sechs oder sieben Jahre. Aber wie gesagt, Geister treten häufig so auf, wie sie in Erinnerung bleiben möchten, nicht unbedingt so, wie sie tatsächlich aussahen. Da kann es auch sein, dass sie sich sehr jung zeigen, sie möchten einfach so gesehen werden.

Die Sache strapazierte mein Nervenkostüm ganz schön, ich begann zu schwitzen. Meine Nervosität war allerdings allzu verständlich, schließlich hatte der Junge mir schon die ganze Woche Streiche gespielt. Es kommt hinzu, dass ich immer etwas befangen bin, wenn ich draußen irgendwo auf jemanden zugehe, um etwas auszurichten. Wie stehe ich da, wenn derjenige überhaupt nichts mit meinen Mitteilungen anfangen kann oder ich ihm damit Angst einjage?

Ich sah noch einmal zu der Frau an der Kasse hinüber und ging langsam auf sie zu. Im Näherkommen bekam ich immer deutlicher mit, was sie zu dem Kassierer sagte.

»Nein, ich will die 100, Marlboro Light 100«, sagte sie und knallte ein Päckchen Zigaretten aufs Band. Der Mann legte ein Päckchen Zigaretten zu den anderen Sachen der Frau und begann abzurechnen. Ich mochte ihre Ausstrahlung gar nicht, die ganze aggressive Art und dieser Befehlston. Ich stellte mir vor, wie sie zurückbellen würde, wenn ich etwas zu ihr sagte. Andererseits wusste ich, dass die geistige Welt keine Fehler macht, und ich einfach sagen musste, was zu sagen war, wenn dieser Junge Kontakt zu seiner Mutter aufnehmen wollte.

Die Frau starrte mit großen Augen auf die vor ihr liegenden Zigaretten und schnaubte gleich wieder los: »Sind Sie taub oder was? 100 habe ich gesagt! Die Langen! Hören Sie schlecht? Das kann doch wohl nicht wahr sein!« Sie schnaufte empört und sah sich Zustimmung heischend zu den anderen Kunden um.

Der Kassierer verdrehte mit finsterer Miene die Augen und langte erneut ins Zigarettenregal.

Der Geist des Jungen war unterdessen wieder aufgetaucht. Er stand hinter der Frau, blickte erst sie und dann mich ratlos an.

Ich beruhigte ihn innerlich: »Ich werde jetzt mit ihr sprechen.« Ich habe die Gabe, mich telepathisch oder in gesprochenen Worten mit Geistern zu verständigen. Beides geht gleich gut, die Geister verstehen mich mühelos. In diesem Fall war es natürlich ratsam, mich nicht laut gegenüber einem Geist zu äußern.

Der Junge nickte. Dem Kassierer konnte man ansehen, dass er froh war, mit dieser Frau endlich fertig zu sein. Als sie sich abwandte, verdrehte er noch einmal die Augen und verzog das Gesicht.

Die Frau machte sich mit ihren Tüten auf den Weg zum Ausgang. Sie ging schnell, und ich musste meine Chance jetzt augenblicklich nutzen.

»Ma'am«, sprach ich sie von hinten an.

Sie fuhr herum und sagte: »Nennen Sie mich nicht

Ma'am. Das ist für ältere Herrschaften. Ich heiße Debbie. Was wollen Sie?«

Ein wenig verdattert ob dieser ruppigen Antwort sagte ich: »Freut mich, Sie kennenzulernen, Debbie. Ich heiße Thomas.«

»Sind Sie der Marktleiter? Dann hätte ich nämlich ein Wörtchen über diesen Versager da an der Kasse zu sagen.«

»Nein«, beteuerte ich schnell, »ich arbeite nicht hier. Entschuldigen Sie bitte, ich möchte Sie nicht beunruhigen oder belästigen, aber ich habe Ihnen etwas mitzuteilen.«

»Mir?«, fragte sie mit erhobener Stimme und sichtlich befremdet.

Ich erzählte ihr, was ich mache und was sich die letzten Minuten hier im Drogeriemarkt abgespielt hatte. Ich beschrieb ihr das Aussehen ihres Sohns und sagte, er sei eben jetzt hier. Es war völlig klar, dass sie mir nur zuhören würde, wenn ich ihr irgendetwas für sie Wiedererkennbares liefern würde, wovon ich eigentlich nichts wissen konnte.

»Aha, dann sind Sie so etwas wie ein Hellseher?«, fragte sie und trat einen Schritt zurück.

»Ja, so kann man es nennen«, bestätigte ich und wunderte mich über meinen verunsicherten Tonfall.

»Ich glaube nicht an dieses Zeug«, sagte Sie. »Leute wie Sie haben ja doch nichts als lauter Mutmaßungen.« Sie wandte sich wieder in Richtung Ausgang.

Es überrascht mich immer wieder, wenn die Menschen sagen, dass sie nicht an »dieses Zeug« glauben. Wenn ich ihnen genaue Angaben über einen Verstorbenen mache, was gibt es dann noch zu glauben? Mir scheint, dass da oft Ängste mit im Spiel sind, viele fürchten das Unbekannte und wollen lieber nichts davon wissen. Das war hier sehr auffällig, denn ich hatte Debbie schon einiges mitgeteilt, ohne dass sie etwas geäußert hatte, was ich als Stichwort hätte verwenden können. Ich hatte ihr beispielsweise von der Anwesenheit ihres Sohns erzählt, von dem noch nicht die Rede gewesen war und von dem ich nichts wissen konnte.

»Debbie«, sagte ich, »sie sollten sich wirklich anhören, was ich zu sagen habe. Ich glaube nicht, dass Ihr Sohn den Kontakt suchen würde, wenn er nicht etwas ganz Bestimmtes mitzuteilen hätte.«

»Jetzt passen Sie mal auf«, erwiderte sie und wurde dann immer lauter, »ich weiß nicht, wer ihnen gesagt hat, dass ich einen Sohn hatte, ich weiß nicht, was hier gespielt wird, vielleicht halten Sie das ja für lustig, aber ich habe absolut keine Lust, Ihnen weiter zuzuhören. Ich finde Ihre Art ganz schön dreist, und wenn Sie jetzt nicht sofort verschwinden, rufe ich die Polizei!«

Alle Augen waren inzwischen auf uns gerichtet. Das Ganze war mir ausgesprochen unangenehm und peinlich. Ich verstand auch die Welt nicht mehr. Welche Mutter würde nicht von ihrem verstorbenen Sohn hören wollen?

Ich vermeide es normalerweise strikt, jemandem etwas aufzudrängen was er oder sie nicht hören will. Ich achte die Grenzen, die der andere zieht. Andererseits weiß ich, dass der Besuch eines Geistes immer triftige Gründe hat. Bei diesem Jungen war es ganz eindeutig so. Es kam nicht infrage, ihn im Stich zu lassen.

Sie glaubte mir nicht und hatte das ganz überzeugend

vorgebracht. Ich musste ihr etwas wirklich Atemberaubendes bieten, sonst würde ich keinen Millimeter näher an sie herankommen. Schließlich wusste ich, dass ihr Sohn nicht mit solchem Nachdruck bei mir vorsprechen würde, wenn es nicht sehr wichtig wäre, zu seiner Mutter durchzudringen, damit er ihr helfen konnte.

Während mir diese Gedanken durch den Kopf gingen, tauchte das Bild eines Jo-Jos vor meinem geistigen Auge auf. Auch der Geist des Jungen neben mir zeigte mir ein Jo-Jo. Er hatte es in der Hand. Es war aus durchsichtigem gelbem Kunststoff und hatte einen Donald-Duck-Aufkleber.

Ich zögerte keinen Moment. »Er hat das Jo-Jo!«, rief ich. »Das gelbe mit dem Donald Duck drauf.«

Die Frau blieb auf ihrem Weg zum Ausgang wie angewurzelt stehen. Sie drehte sich um und sah mich an. Dann stellte sie ihre Taschen ab und ihre Augen begannen, sich mit Tränen zu füllen.

»Er fehlt mir so«, sagte sie.

Geschafft. Ich wusste, ich war zu ihr durchgedrungen, ihr Leben würde von jetzt an einen anderen Verlauf nehmen. Etwas begann, Wirklichkeit zu werden. Sie fiel mir um den Hals.

Das ist der entscheidende Augenblick bei jedem Reading und für jede Mitteilung, die ich weiterzugeben habe, der Augenblick, in dem die Dinge für den anderen wirklich greifbar werden. All das »Es geht ihm gut«, und »Sie vermisst Sie« und »Sie werden sie wiedersehen«, »Ihre Großmutter hat Rosen« und »Ihre Mutter wäre Ihnen gern näher gewesen« ist schön und gut, aber um ganz auf den Punkt zu kommen, braucht es etwas wirklich Überzeugendes. Es muss etwas sein, was niemand wissen kann, die Zauberformel, mit der die Heilung endlich einsetzen kann.

»Er heißt …«, setzte sie an, aber ich unterbrach sie gleich, da der Junge mir seinen Namen genannt hatte.

»Ralph«, ergänzte ich. »Hat er mir selbst gesagt.«

Sie nickte. Es konnte tatsächlich nur ihr Sohn sein. »Sie nehmen mich nicht auf den Arm, hm?«

»Nein, da habe ich Besseres zu tun«, lächelte ich.

»Tut mir leid, dass ich Sie angeschrien habe. Ich war nicht gut drauf, ich habe viel mitgemacht. Aber jetzt möchte ich gern hören, was Sie sonst noch zu sagen haben.«

»Das macht doch nichts«, beruhigte ich sie. »Wenn Sie möchten, nehme ich jetzt wieder Kontakt auf, damit Sie erfahren, weshalb es ihm so furchtbar wichtig ist.«

»Ja, gut.«

Ich nahm mir einen Augenblick, um mich einzustimmen. »Hat er Geburtstag?« Innerlich sah ich den Jungen mit einem Geburtstagskuchen. Ich sah die brennenden Kerzen, die blauweiße Glasur.

»Ja, heute hat er Geburtstag«, sagte sie, und wieder sammelten sich Tränen in den Augen. Sie war erschüttert, wollte jetzt alles hören.

»Ich sehe einen Kuchen mit blauweißer Glasur, und oben drauf, glaube ich, ist ein Krümelmonster zu sehen.«

»O Gott, ja, das ist sein letzter Geburtstagskuchen in dem Jahr, in dem er starb.«

Alles Weitere sog sie förmlich auf. Ich erzählte ihr, wie ihr Sohn gestorben war, ich erzählte von seiner Beerdigung. Der Junge gab weitere Einzelheiten preis, um ihr zu beweisen, dass er wahrhaftig anwesend war, und sie bestätigte alles. Viele Menschen brauchen erst einmal handfeste Beweise, bevor sie für Trost oder Rat offen sind. Sie müssen sicher sein, dass wirklich dieser geliebte Verstorbene spricht. Wenn ich einfach dessen Mitteilungen weitergebe, ohne den Menschen zuvor zu beschreiben und auf die Rolle einzugehen, die er oder sie für die lebende Person gespielt hat, sind die meisten überfordert und können mit der Botschaft nicht wirklich etwas anfangen.

Jetzt konnte ich der Frau sagen: »Er macht sich Sorgen wegen der Familie. Die Familiendynamik macht ihm zu schaffen.«

»Das kann ich nachvollziehen«, sagte sie und wischte sich die Tränen ab. »Es läuft wirklich nicht gut im Moment. Sagt er was, ob das mal wieder besser wird?«

Ich spürte, wie unendlich traurig sie war, und empfing Eindrücke von bösen Auseinandersetzungen innerhalb der Familie – Streit, zersplitterndes Glas, Geschrei, Traurigkeit.

Ich schloss die Augen und versuchte zu hören, was der Junge sagen wollte.

»Er möchte der Familie gern helfen. Er weiß, wie schwer Sie es haben.«

»O ja, es ist schwer«, seufzte sie. »Seit seinem Tod ist nichts mehr, wie es vorher war.«

»Erzählen Sie.«

»Wir können uns einfach nicht davon erholen. Es ist so traurig und tut so furchtbar weh. Wir haben es nicht überwunden, wir wissen nicht, wie es weitergehen soll. Die Trauer lässt uns nicht los.«

Ich hörte innerlich einen Namen. »Wer ist Danielle?«,

fragte ich. Auch während unseres Gesprächs versorgte mich der Junge weiter mit Informationen.

»Danielle – das ist seine Schwester«, antwortete sie wie benommen. Sie konnte kaum fassen, was da alles kam.

»Da er von ihr weiß, muss ich fragen: Ist sie nach seinem Tod zur Welt gekommen?«

»Ja, sie ist gerade erst ein halbes Jahr alt«, flüsterte Debbie. »Mein Psychiater hat mir gesagt, ein weiteres Kind würde mir über den Verlust hinweghelfen.«

Wenn jemand stirbt, bleiben wir Lebenden ratlos zurück und fragen uns, ob der Verstorbene wohl weiß, was jetzt in unserem Leben vor sich geht.

»Er ist gut aufgehoben«, versicherte ich ihr. »Sie sollten sich auf das konzentrieren, was in Ihrer Hand liegt, wo Sie wirklich etwas ausrichten können. Das gilt vor allem für Ihre süße kleine Tochter.«

Sie nickte weinend und wischte sich das Gesicht mit einem Papiertaschentuch. »Tut so gut, das zu hören.«

Dann sagte Sie: »Ich muss mich bei Ihnen entschuldigen.«

»Gar nichts müssen Sie«, wehrte ich ab. »Ich verstehe nur zu gut.«

»Ich hatte nämlich schon mal so ein Erlebnis«, fuhr sie fort, »und das war wirklich schlimm. Es ist schon eine ganze Weile her, hat mir aber sehr zugesetzt. Da war diese Frau, die keine Verbindung zu meinem Sohn bekam und dann ein paar Tausend Dollar wollte, um ihm den Schritt nach drüben zu ermöglichen.«

»Verstehe«, sagte ich. Die Angst, die ich gespürt hatte, war also tatsächlich vorhanden. Sie fürchtete solche Versuche der Kontaktaufnahme.

»Für mich ist es eine große Hilfe zu wissen, dass mein Junge Frieden hat und mich auch noch besuchen kann.«

»Ja, das kann er«, sagte ich. »Und er liebt Sie sehr.«

Wir verabschiedeten uns. Ich habe Debbie nie wieder gesehen. Ich wusste, dass sie getröstet war und durch Ralphs Intervention Frieden gefunden hatte. Wir haben vielleicht zehn Minuten miteinander gesprochen, aber in dieser Zeit wurde sie ein vollkommen anderer Mensch, viel gelassener und entspannter.

Geister jeder Altersstufe können sich bemerkbar machen, um ihren Lieben von drüben her hilfreiche Mitteilungen zu machen. Selbst Geister, die schon Jahrzehnte auf der anderen Seite oder sehr jung gestorben sind, bleiben in die Abmachung eingebunden, dass sie ihrer irdischen Familie den Weg weisen, wenn es erforderlich ist. Ralph war jung gestorben, aber er wusste über die Grenzen von Raum und Zeit hinweg um die Kämpfe der Familie und um den Weg zu neuem Frieden.

Doubletten

Zufall ist Gottes Weg, anonym zu bleiben.

ALBERT EINSTEIN

Eines habe ich bei meinen vielen medialen Sitzungen gelernt, dass nämlich die Toten um einiges intelligenter sind als die Lebenden. Wenn jemand auf die andere Seite hinüberwechselt, lässt er seinen Körper auf der Erde zurück, und damit vertiefen sich das spirituelle Bewusstsein, der Durchblick und die Liebe. Es geschieht augenblicklich. Die Verstorbenen wissen und verstehen nicht nur alles, sie nehmen auch engagiert Anteil an unserem Leben. Sie müssen nicht unbedingt hellsichtig sein und die Zukunft kennen, aber sie sind wie ein älterer Freund, der sich auskennt, der klug und weise ist. Wenn ein Verstorbener über einen wacht, hat man einen wirklich guten Freund zur Seite, der in allen Lebenslangen Rat weiß. Manchmal leiten die Toten auch Ereignisse in die Wege, damit wir etwas Bestimmtes lernen oder erfahren können. Wir merken nicht unbedingt etwas davon, oder es geht uns erst später auf, wenn sich die Dinge allmählich klären. Ich hatte jedenfalls schon oft Gelegenheit, mir an die Stirn zu schlagen und mich zu fragen, weshalb ich nicht auf einen bestimmten Toten gehört habe.

Bei einem großen Reading-Abend mit Publikum übermittelte ich Botschaften nahestehender Verstorbener. Im Publikum mögen um die zweihundert Leute gewesen sein, und ich stand vorn und beschrieb die Geister, die nach und nach auftraten und sich gern mit ihren Lieben unter den Lebenden ausgetauscht hätten. Meine Arbeit besteht ganz überwiegend aus privaten Einzelsitzungen, aber gelegentlich nehme ich auch an Großveranstaltungen mit reichlich Publikum teil. Hier kommt zwar nicht jeder an die Reihe, aber solche Veranstaltungen sind trotzdem sehr beliebt, weil der Eintritt nicht überzogen ist (fünfzig Dollar) und man Zeuge unglaublicher Szenen werden kann, die einem selbst Auftrieb geben. Auch die Menschen, die keine persönliche Botschaft erhalten, sind danach oft tief berührt und wie verwandelt.

Der Abend nahm seinen gewohnten Lauf, ich stellte für diesen und jenen im Publikum mediale Kontakte her. Irgendwann spürte ich, dass sich ein bestimmter Geist zu Wort melden wollte. Und gab bekannt: »Ich höre den Namen Douglas oder Doug und sehe dabei einen jungen Mann in der geistigen Welt.«

Dieser Geist war noch neu auf der anderen Seite, ich spürte, dass dieser Mensch erst vor Kurzem gestorben war. Er wollte unbedingt etwas vorbringen.

Wenn die ersten Informationen von der anderen Seite kommen, ist es meist so, dass die Leute im Publikum sich nur zögernd zu Wort melden. Sobald mehr Einzelheiten geliefert werden, wächst auch die Bereitschaft, sich zu äußern, aber wenn erst einmal nur ein Name genannt ist, steigt in der Regel niemand darauf ein.

In diesem Fall hob gleich eine Frau die Hand. »Der Name ist mir geläufig, mein verstorbener Sohn hieß so.«

Sie mochte gut sechzig Jahre alt sein und machte einen sehr gepflegten Eindruck – gestylte blonde Kurz-haarfrisur mit Farbakzenten, weißer Anzug, dezenter Goldschmuck. Sie wirkte stark und selbstbewusst. Auch ihr Make-up war unauffällig mit ganz wenig Rouge und bräunlichem Lidschatten.

»Douglas ist Ihr Sohn?«, fragte ich nach.

»Ja, er ist gestorben.«

Neben ihr saß eine andere Frau, die unruhig zu werden begann. Irgendetwas bewegte sie stark, das war nicht zu übersehen. Äußerlich war sie das komplette Gegenteil der Frau, die eben gesprochen hatte. Sie war leicht über-gewichtig und trug einen dunkelgrauen, mit einem Dino-saurier bedruckten Trainingsanzug und dazu weiße Turn-schuhe. Sie war Brillenträgerin, und seitlich an der Nase hatte sie ein Muttermal, ihr dunkles Haar wirkte unge-pflegt und war merkwürdig gescheitelt. Irgendetwas be-schäftigte sie sehr.

»Haben Sie irgendetwas miteinander zu tun?«, fragte ich sie und deutete auf die andere Frau im weißen Anzug.

»Nein«, erwiderte die erste Frau, den Blick auf die an-dere gerichtet.

»Na ja«, sagte die Dunkelhaarige, »mein Sohn ist auch gestorben, und er hieß ebenfalls Douglas.«

Sie blickten einander verblüfft an.

So etwas kommt häufiger vor. Zwei oder mehrere

Geister können den Wunsch haben, sich bei einer solchen Veranstaltung bemerkbar zu machen, und dann sorgt die geistige Welt dafür, dass die Lebenden, die sie ansprechen möchten, nebeneinander sitzen. Das ist eine merkwürdige Sache – als würden sich ihre Energien verbinden. Ich habe schon erlebt, dass die lebenden Bezugspersonen dreier Selbstmordfälle nebeneinander saßen, ein andermal waren es vier Frauen, die ihre Männer verloren hatten, und einmal sogar zwölf Leute, deren Mütter im Laufe der letzten beiden Monate an Krebs gestorben waren, die aber sonst nichts weiter miteinander zu tun hatten. Offenbar lässt die geistige Welt gern Trauer-Selbsthilfegruppen entstehen.

»So etwas erlebe ich häufig«, erklärte ich dem Publikum. »Die geistige Welt kann Menschen zusammenführen, die Ähnliches erlebt haben. Das kommt häufiger vor.«

Die Frauen nickten beide.

»Sehen wir doch mal, ob wir in Erfahrung bringen können, wer sich da gerade meldet und was überhaupt gespielt wird«, sagte ich zu ihnen und schloss die Augen, um mich wieder einzustimmen.

Ich versuchte, tiefer zu dringen, und jetzt erschien ein Kalender, der sich selbst zum 4. Mai durchblätterte. »Ich sehe das Datum 4. Mai«, gab ich weiter.

Den beiden Frauen verschlug es den Atem.

»Mein Sohn ist am 4. Mai gestorben«, sagte die Blonde.

»Meiner auch!«, schloss die andere sofort an.

Sie sahen sich wieder erstaunt an. Die Dunkle griff nach der Hand der anderen, für einen Moment trafen sich die Blicke.

»Das ist ja nicht zu glauben«, sagte eine.

Da konnte ich ihnen nicht widersprechen. Auch mir kam die Sache inzwischen reichlich sonderbar vor: ein Name, ein Sterbedatum und zweimal Mutter und Sohn.

»Ich will versuchen, ob ich noch mehr herausbekomme«, warf ich schnell ein. Zu gern hätte ich alles unter einen Hut gebracht und die eine gemeinsame Energie herausgestellt.

Ich ersuchte die Geister also um weitere Einzelheiten. Wir brauchten Gewissheit, denn bisher wussten wie ja nicht einmal, welcher der beiden gerade durchkam.

Als Nächstes sah ich einen Autounfall und fragte die beiden Frauen: »Welcher Sohn ist bei einem Autounfall gestorben?«

»Meiner«, sagte die Dunkle.

»Meiner auch«, sagte die Blonde.

Jetzt mussten wir doch lachen, und andere im Publikum stimmten mit ein.

Mir war jetzt klar, dass ich meine Befragung der Geister anders aufziehen musste, da ganz offensichtlich beide mitmischten. Das Ganze konnte auch kein Zufall sein, es war eindeutig eine gezielte Zusammenführung. Aber wozu? Was sollte uns diese Veranstaltung sagen?

Jetzt begannen Bilder aus dem Leben der beiden Frauen vor mir aufzublitzen. Zuerst erschien die Frau mit dem blonden Haar, und ich spürte, wie viel Glück und Erfolg es in ihrem Leben gab. Sie hatte den Tod ihres Sohns auf fruchtbare Weise überwunden, unter anderem sah ich, wie sie zu Ehren ihres Sohns eine Stiftung gegründet hatte. Weiterhin zeigten die Bilder, dass sie ein Buch über diesen Tod geschrieben hatte, das vielen Menschen in ähnlicher Lage eine große Hilfe war. Es folgten Bilder aus dem Leben der dunkelhaarigen Frau. Ich sah die ganze Traurigkeit in diesem Leben, das praktisch erstarrt war. Jetzt wusste ich, weshalb die beiden Frauen hier zusammengeführt worden waren. Sie sollten erkennen, wie unterschiedlich ihre Leben sich nach den Unfällen entwickelt hatten und wie sehr es auf die Deutung ankam, die sie dem Ereignis gaben.

»Ich sehe noch viel mehr Einzelheiten«, sagte ich, »und wir müssen uns das unbedingt gemeinsam ansehen.«

Die beiden Frauen nickten.

Zum Publikum gewandt fuhr ich fort: »Wir alle haben hier etwas zu lernen, und zwar durch diese beiden Frauen, nämlich dass hinter all unseren so verschieden erscheinenden Erlebnissen immer die gleiche spirituelle Lektion steckt.«

Ich erfuhr jetzt immer weitere Einzelheiten – Namen, Orte, Daten und anderes –, die den beiden Frauen eindeutig etwas sagten. Es ging wohl darum zu erkennen, dass es letztlich nicht so sehr auf die Einzelheiten der äußeren Vorgänge ankommt. Die Dinge mögen uns persönlich betroffen machen, aber wichtiger ist, wie wir uns davon beeinflussen lassen und was wir schließlich daraus machen.

Zweierlei hatten die Geister hier zum tragischen Verlust eines Kindes zu sagen. Erstens wollten sie uns wissen lassen, dass hinter den verwickelten Dingen, deren Zeugen wir alle waren, eine klare Absicht stand, und zweitens sollten wir erkennen, dass die beiden Frauen sehr unterschiedlich auf den gleichen Vorfall reagierten.

Beiden Frauen war ein Sohn gestorben, und sie waren

auch ungefähr gleichaltrig. In beiden Fällen hinterließen die Söhne Menschen, denen sie sehr am Herzen lagen. Außerdem hatten beide Frauen keine Gelegenheit gehabt, sich von ihren Söhnen zu verabschieden – sie waren wirklich in der gleichen Lage, aber sie erlebten sie sehr unterschiedlich.

Die eine stellte sich den Tatsachen und gründete sogar zu Ehren Ihres Sohns eine Organisation, die sich in ihrem Bundesstaat für schärfere Gesetze bei Fahrerflucht einsetzte. Sie war stark und fürchtete nichts. Sie wechselte sogar den Beruf und wurde Psychotherapeutin, um Eltern helfen zu können, die den Verlust eines Kindes zu beklagen hatten. Die andere reagierte völlig anders. Als ihr Sohn starb, war es so, als würde sie ihr Leben einfach abriegeln. Sie war unglücklich, ließ sich scheiden, verlor ihre Stelle, nahm zu. Zweimal war sie an Krebs erkrankt. In ihrem Leben blieb nichts, wie es einmal war, sie war in der Verfassung von Untröstlichkeit und Verbitterung stecken geblieben. Nichts kam mehr an sie heran.

Am Ende ging es gar nicht darum, was diesen beiden Frauen widerfahren war, sondern um ihren Umgang damit, um die Frage, ob sie etwas daraus machten.

»Sind unsere Söhne jetzt zusammen?«, fragte die Frau im Trainingsanzug.

»Ja, sie sind Freunde da drüben«, konnte ich ihr sagen. »Sie haben ganz Ähnliches erlebt, und das verbindet sie. Außerdem helfen sie sich gegenseitig bei dem, was sie zu erreichen haben.«

Am Ende des Abends wurde deutlich, dass eine Verbindung zwischen den beiden Frauen entstand. Sie sprachen am Eingang noch miteinander, ich sah das tiefe

Verstehen und Mitgefühl in ihren Augen. Mir war deutlich, dass ihre Söhne sie hier zusammengeführt und sogar nebeneinander platziert hatten. Deshalb sage ich gern, dass die geistige Welt an allen unseren Entscheidungen mitwirkt.

Die Dunkelhaarige, Margaret, sagte: »Ich habe meinen Sohn heute Abend wirklich gespürt. Schön zu wissen, dass er einen Freund gefunden hat und so vieles sie verbindet.«

»Ja«, fuhr die andere fort, »und dass sie zusammen Geburtstag feiern können. Wir haben festgestellt, dass sie im Leben sogar die gleiche Sorte Eistorte mochten.«

Es heißt ja, es gebe im Leben keine Zufälle und nichts sei ohne Sinn und Zweck. Ich bin mir nicht sicher, ob es wirklich in allen Fällen so ist, aber bestimmte Erlebnisse haben eine solche Tiefe, dass nur die Weisheit Gottes oder der Engel oder eben der anderen Seite dahinterstecken kann. Stellen Sie sich vor, Sie würden alles aus großer Höhe sehen, so als wären Sie mit dem Hubschrauber unterwegs. Von den Hindernissen, mit denen wir auf der Erde zu kämpfen haben – Umleitungen, Verkehrsstaus, Überschwemmungen – merken Sie hier oben nichts. So ist es im Himmel.

Das Siegtor

Ein Freund ist jemand, der dich sehr genau kennt und trotzdem liebt.

ELBERT HUBBARD

Bei Einzelsitzungen lasse ich für gewöhnlich keine Begleitperson zu. Nur in seltenen Fällen kann eine weitere Person dabei sein, die emotionalen Rückhalt bieten kann. Aber auch dann konzentriere ich mich während der Sitzung ausschließlich auf den Menschen, für den ich das Reading mache. Ich verbinde mich mit ihm und suche dann erst für ihn die Verbindung zur geistigen Welt – nur so kann ich sichergehen, dass alles, was dann an Informationen durchkommt, wirklich nur mit dieser Person zu tun hat.

Im vorletzten Sommer hielt ich mich für ein paar Wochen an der Küste von New Jersey auf, ich wollte am Strand faulenzen, hatte aber auch Termine für ein paar Readings gemacht.

Am Tag vor der Abreise erhielt ich eine Nachricht über das Kontaktformular auf meiner Website. In der

Betreffzeile stand: »Ihre bevorstehende Reise an die Jersey-Küste«. Den Namen der Absenderin kannte ich nicht, ging aber davon aus, dass diese Frau in der Zeit, die ich dort war, eine Sitzung buchen wollte. Leider hatte ich da schon keine Termine mehr frei.

Der Text der E-Mail lautete:

Lieber Thomas,
voriges Jahr hat mein Mann Paul seinen besten Freund Christopher verloren. Es war alles sehr tragisch, da sich die beiden näher standen als Brüder. Seit Christophers Tod hat sich die gesamte Lebensführung meines Mannes komplett geändert, und das betrifft auch unsere Beziehung und das Familienleben. Er befindet sich in einem Zustand tiefer Depression. Er glaubt an ein Leben nach dem Tod, bekommt aber auf keine Art Verbindung zu seinem Freund, den er so gern um sich fühlen würde. Sehen Sie die Möglichkeit, dass wir uns in New Jersey zu einer medialen Sitzung treffen?
Schöne Grüße
Leslie

Ich schrieb gleich eine Antwort und erklärte Leslie, es seien keine Termine mehr frei, sie möge doch zu mir kommen, wenn ich das nächste Mal in New Jersey sei. Während ich noch tippte, tauchte in dem Spiegel neben meinem Computer ein Geist auf.

»Halt«!, rief er laut und unmissverständlich. »Schick das nicht ab. Ich muss unbedingt mit meinem Freund sprechen.« Der Geist sprach mit äußerlich hörbarer

Stimme, so als ob ein lebendiger Mensch mit mir im Zimmer wäre.

Ich sah also einen Mann neben mir stehen, klar und deutlich. Dass er tot war, erkannte ich daran, dass er schwebte. Er stand auch nicht einfach nur da, sondern waberte hierhin und dahin, um gelegentlich ganz zu verschwinden und an anderer Stelle im Zimmer wieder aufzutauchen.

Der Mann mochte Anfang vierzig sein, dunkler Bart, langes Haar, braune Augen. Er trug ein Hemd, Jeans und dunkle Stiefel. Seine Gestalt war sehr groß und kräftig gebaut, von kantiger, rauer Ausstrahlung. Er hätte ein Waldarbeiter sein können, ein sehr ernst dreinblickender Mann. Ich fühlte einen kühlen Lufthauch, während ich etwas verdattert dasaß, auch staunend über diesen gebieterischen Geist, der mir vorschreiben wollte, was ich zu tun hätte.

»Die Frau, die da schreibt«, fuhr er diesmal telepathisch fort, sodass ich ihn innerlich hörte, »ist die Frau meines besten Freundes. Ich muss unbedingt Verbindung mit den beiden aufnehmen.«

Toten widerspreche ich nie, das erwähnte ich bereits. Sie wissen einfach, was sie sagen; sie wissen, was weiterhilft. Verstorbene äußern sich nicht mehr unter dem Einfluss eines Egos. Sie scheren sich nicht mehr um all das, was die Leute vielleicht über sie gedacht oder gesagt haben. Es geht ihnen nur noch um das, was Hilfe verspricht und wirklich etwas bewegt.

Ich wusste, dass dieser Geist gute Gründe hatte, bei mir vorzusprechen. Und wenn er jetzt sagte, er brauche den Kontakt zu seinem Freund, musste es dafür einen triftigen

Grund geben. Den Geistern geht es nicht darum, irgendetwas durchzusetzen oder zu verhindern, sondern sie handeln aus Liebe, sie möchten den Menschen seelischen Rückhalt bieten. Menschen handeln im eigenen persönlichen Interesse, aber die Geister unserer Verstorbenen möchten uns einfach so anleiten, dass wir damit das für uns Beste erreichen können.

Deshalb glaubte ich meinem Besucher und rief Leslie an, um für Sonntag einen Termin mit ihr zu vereinbaren. Es sollte eigentlich mein freier Tag werden, den ich wahrlich brauchte, aber ich wusste auch, dass das Universum immer irgendeine Lösung bietet, es würde mich nicht im Regen stehen lassen. Irgendwie würde das alles schon seinen richtigen Weg finden – nur wie, das sah ich einstweilen noch nicht.

* * *

So empfing ich Leslie und Paul also an diesem Sonntagabend in der kleinen Wohnung, die ich immer miete, wenn ich an der Küste in New Jersey bin. Da geht es recht einfach und schmucklos zu, nichts Repräsentatives. Ich hatte die Wohnung die letzten drei Jahre immer für zwei Wochen im Sommer gebucht. Da unten habe ich viele Fans, also mache ich eine Menge Readings, faulenze zwischendurch am Strand, treffe mich mit Freunden – eine Art Arbeitsurlaub eben.

Leslie und Paul waren ein auffallend schönes Paar, strahlend, jung, beide wohl um Ende dreißig. Als Paar waren sie eine Augenweide. Sie kennen das vielleicht, wenn man den Eindruck hat, dass zwei Menschen wirklich zusammengehören. Leslie war hochgewachsen und sehr schlank, langes braunes Haar mit bezaubernden Locken, eine wirklich gepflegte Erscheinung. Sie trug schwarze Jeans und ein weißes Top, das Haar war zu einem Pferdeschwanz gebunden. Paul konnte sich neben ihr sehen lassen mit seinem kurz geschnittenen dunklen Haar und dem Grübchen im Kinn. Beide waren gut proportioniert und wirkten sehr sportlich. Schon an der Art, wie sie zu mir hereinkamen, erkannte ich gleich, wie nah sie einander standen und wie liebevoll sie miteinander umgingen. Sie hielten sich an den Händen und passten so vollkommen zueinander, als wären sie einem Gemälde entstiegen.

»Wir machen so etwas zum ersten Mal«, sagte Leslie einleitend, und Paul nickte dazu, »aber wir glauben daran.«

Ich hieß die beiden willkommen und rückte noch ein paar Dinge auf dem Tisch zurecht, um dann einige einleitende Worte zur bevorstehenden Sitzung zu sagen:

»Wenn ich Kontakt zur geistigen Welt aufnehme, empfange ich Bilder, Eindrücke, Gefühle, Empfindungen von dort. Die beschreibe ich Ihnen dann, und Sie können der Beschreibung hoffentlich entnehmen, mit wem wir es da zu tun haben. Ich werde mich zwar auf ihren Freund konzentrieren, aber es kann durchaus sein, dass sich jemand anders zu Wort meldet.«

»Möglicherweise kommen mir die Tränen, ich hoffe, das stört Sie nicht«, sagte Leslie.

»Nein, gar nicht. Passiert mir auch manchmal.« Wir lachten.

Ich fühle mich bei jeder medialen Sitzung ein wenig anders. Gerade am Beginn ist es jedes Mal ein ganz bestimmtes Gefühl, anders als bei allen anderen Readings.

Manchmal bin ich nervös angesichts der Möglichkeit, dass vielleicht gar nichts kommt. Ein andermal mache ich mir Sorgen, dass die Mitteilungen vielleicht zu kunterbunt ausfallen und niemand ihnen etwas entnehmen kann oder ich, schlimmer noch, den Faden verliere.

Diesmal wusste ich aufgrund der vorausgegangenen Kontakte bereits, dass es um einen männlichen Geist gehen würde, der Pauls bester Freund gewesen war. Wichtig war aber auch, dass die Sitzung ganz unbelastet ihren Lauf nehmen konnte. Ich wollte nichts vorwegnehmen; ich hatte schon erlebt, dass statt des erwarteten Geists plötzlich ein anderer auftauchte.

Hier spürte ich sofort eine männliche Präsenz und bekam den Eindruck von dunklem Haar und dunklen Augen. Fotos leuchteten kurz auf, und auf manchen dieser Fotos erkannte ich die beiden, die jetzt vor mir saßen.

Ich beschrieb eines dieser Fotos detailliert und konnte sogar Kleidungsstücke und deren Farben erkennen.

»Ach, ja, das sind die letzten Bilder, die wir zusammen mit meinem Freund gemacht haben«, sagte Paul und ergänzte mit einem Blick, den er seiner Frau zuwarf: »Wir haben sie uns eben noch angesehen, bevor wir herkamen.«

»Dann gibt Ihr Freund auf diesem Wege bekannt, dass er bei Ihnen war, als Sie sich zusammen diese Bilder angeschaut haben.«

Paul sah mich fassungslos an und begann zu weinen. Für einen Mann, auch einen sensiblen Mann, kann es schwierig sein, vor jemand anderem zu weinen, vor allem wenn es sich dabei um einen Mann handelt. Ich wollte jetzt nicht versuchen, ihn zu trösten, das hätte möglicherweise herablassend gewirkt. Also ließ ich ihn weinen und schob ihm nur die Schachtel mit den Papiertüchern über den Glastisch zu.

»Außerdem«, fuhr ich fort, »sehe ich das Trikot einer Eishockeymannschaft, der Boston Bruins.«

»O Mann«, meinte Paul, »damit haben wir ihn begraben. Das hat er am liebsten getragen.«

Weitere Bestätigungen fügten sich an, bis wir sicher waren, dass der anwesende Geist der war, mit dem wir gerechnet hatten. Das ist bei jedem Reading der Teil, der alle am meisten fasziniert. Die Menschen, die zu mir kommen, erfahren erstaunliche Einzelheiten, die allen die Sprache verschlagen, aber im Anschluss daran muss es dann immer noch um das tiefere Anliegen des Verstorbenen gehen. Es muss etwas für den Klienten Verständliches kommen, dem er entnehmen kann, weshalb dieser Geist den Kontakt sucht und was er mitteilen möchte.

Christopher trat im Verlauf der Sitzung immer deutlicher hervor. Er und Paul waren nicht einfach Freunde, sondern wirklich fast wie Brüder. Christopher hatte ein sehr schweres Leben gehabt. Seine Eltern hatten ihn im Stich gelassen, als er noch klein war, er blieb folglich sein Leben lang traurig und depressiv. Er fing auch schon früh an zu trinken, zuerst nur im Freundeskreis, dann auch für sich allein. Anfangs trank er nur ein paar Gläschen, später legte er es darauf an, sich zu betrinken. Er experimentierte auch mit Drogen und rauchte Marihuana. Paul hatte ein Auge auf ihn, er nahm ihn praktisch unter seine Fittiche. Familienfeierlichkeiten, Examensfeiern, Dinnerpartys – Christopher war eigentlich immer mit dabei und gehörte praktisch zur Familie. Er war bei der Hochzeit seines Freundes der Trauzeuge und suchte stets Anschluss bei seinem Freund. All das erzählte sein Geist in dieser Sitzung. Paul kannte die Geschichten natürlich alle, aber es gab ihm Sicherheit, sie in dieser Situation von seinem Freund zu hören.

Christopher war immer das schwarze Schaf gewesen. Er war aufmüpfig, ständig hinter den Mädchen her, und immer gab es Ärger. Paul war da ganz anders, ein guter Schüler und dann Student mit Vollstipendium. In der Schule spielten sie beide Football, Paul als Quarterback-Star, der in seinem Abschlussjahr mehr Touchdowns hinlegte als jeder andere Quarterback in der Geschichte dieser Schule. Christopher wurde als Linebacker eingesetzt, erwies sich aber als unbeständig und wenig einsatzfreudig. Er kam oft zu spät zum Training und flog im ersten Jahr beinahe aus dem Team, weil er so schlechte Noten hatte und beschuldigt wurde, Alkohol mit in die Schule geschmuggelt zu haben.

Die beiden Freunde entwickelten sich mit der Zeit zu ganz unterschiedlichen Menschen. Paul heiratete, gründete eine Familie und baute sich ein Leben auf. Für Christopher ging es dagegen zunehmend um Alkohol, Partys und Notmaßnahmen gegen seine ständigen Probleme. Er vermied alles, was in Richtung einer Auseinandersetzung mit seinen Problemen hätte gehen können. Christopher und Paul blieben zwar in Verbindung, aber es war nicht mehr die alte Freundschaft. Sie bekam etwas Gezwungenes. Ein paarmal stellte Paul seinen Freund auf Drängen seiner Frau wegen seines Alkoholkonsums zur Rede. Er stellte ihn vor die Wahl, entweder mit dem Trinken aufzuhören oder künftig auf seine Freundschaft verzichten zu müssen. Er drohte ihm sogar an, dann nicht mehr mit ihm zu sprechen. Aber irgendwie kamen sie dann doch immer wieder zusammen. Sie fanden neue Wege. Die Freundschaft war so tief, dass Paul seinem Freund nie lange böse sein konnte.

Christophers Tod war Paul sehr nahegegangen. Er fand keinen Frieden, weil er sich irgendwie auch mitschuldig an diesem Tod fühlte. Er hätte es schaffen müssen, Christopher vom Alkohol wegzubringen. Hätte er ihn doch nur an jenem Abend angerufen.

In Wahrheit sind wir alle spirituelle Wesen, die sich während ihrer Verkörperung auf der Erde für kurze Zeit überwiegend als Menschen fühlen. Wir sind hier, um wichtige Dinge zu lernen – Demut, Unsterblichkeit, Verletzlichkeit, Widerstandsfähigkeit. Es stehen uns weitere Inkarnationen in anderen Dimensionen bevor, aber hier auf der Erde haben wir ganz bestimmte Dinge zu lernen, und es geht oft um unseren Weg zu uneingeschränkter Selbstbejahung und Menschenliebe.

Deshalb finde ich es auch völlig unangebracht, etwas in der Art von sich zu geben, wie: »Das Leben auf der Erde ist einfach ein großer Mist und zum Kotzen, basta.« Ich glaube das nicht. In meinen Augen ist die Erde ein perfekter Spielplatz.

»Tragen Sie seine Kette?«, fragte ich Paul unvermittelt.

»Ja«, gab Paul zu, zog zum Erstaunen seiner Frau eine Kette unter seinem Hemd hervor und sagte, es sei Christophers Lieblingskette gewesen, eine Silberkette mit einem kleinen Kreuz. Er hielt sie in der Hand und sah mich an.

Manchmal gebe ich ganz unvermittelt Informationen an meine Klienten weiter, ohne auch nur zu wissen, woher sie kommen. Plötzlich ist etwas da wie irgendein beiläufiger Gedanke, der einem tagsüber kommt – über zu sortierende Papiere beispielsweise oder über die Wäsche, die man am Abend nach dem Fitnessstudio noch waschen muss. Es sind Momente klaren Erkennens, in denen ich sofort weiß, dass es sich um zutreffende mediale Eingebungen handelt.

So tauchte jetzt ein weiterer Gedanke in mir auf, und ich fragte: »Hätten Sie an dem Abend, an dem er starb, eigentlich bei ihm sein sollen?«

Paul wusste sofort, wovon ich sprach. »Ja, das stimmt. Wir wollten uns an dem Tag treffen, aber es kam nicht dazu, er war einfach zu depressiv. In dieser Verfassung kapselte er sich meistens völlig ab.«

»Wissen Sie«, sagte ich, »Sie halten ihn fest, Sie lassen ihn nicht in die nächste Phase seiner spirituellen Entwicklung eintreten.«

Diese Information bekam ich von Christopher. Sein Freund war noch so mit seinem Tod beschäftigt, mit Schuldgefühlen, Groll und Ängsten, dass Christopher große Mühe hatte, seinen Weg auf die andere Seite fortzusetzen.

»Wie mache ich das denn?«, wollte Paul wissen.

»Sie können sich nicht mit seinem Tod und dem Verlust abfinden, Sie klammern sich an ihn. Es wird Zeit, dass Sie sich von ihm lösen. Er ist jetzt drüben und hätte da eine Menge zu tun. Lassen Sie ihn gehen, Sie können das.«

»Er war mein bester Freund«, sagte Paul. »Er fehlt mir einfach. Aber ich weiß, was Sie meinen.«

»Er kann Ihr bester Freund bleiben«, beruhigte ich ihn. »Sie können ihn zwar nicht mehr körperlich um sich haben oder berühren, aber Kommunikation ist immer noch möglich. Er hört Ihre Gedanken, er weiß, was Sie tun, es besteht also nach wie vor eine reale Verbindung, wenn sie sich auch ein wenig verändert, da der andere nicht mehr körperlich anwesend ist.«

»Ja, ich verstehe, für einen Mann bin ich sogar ziemlich aufgeschlossen, was diese Sachen angeht. Nur dass ich ihn eben nie fühlen kann – als wäre er gestorben und hätte mich einfach im Regen stehen lassen.«

So etwas höre ich oft, immer verbunden mit der Frage: Wenn die Geister noch um uns sind, weshalb fühlen wir sie dann nicht? Aber dieses Fühlen kann die unterschiedlichsten Formen annehmen. Die Geister haben mitunter eine sehr subtile, unauffällige Art, sich bemerkbar zu machen, man kann hier nicht mit unmissverständlichen Zeichen rechnen.

Dann kam auch schon die nächste Eingebung, blitzschnell, und ich gab sie ebenso schnell weiter: »Spielen Sie morgen Hockey?«

»Ja, morgen habe ich ein Spiel. Christopher war auch oft bei Hockeyspielen dabei.«

In mir spielte sich nun eine ganze Szene ab. Ich berichtete: »Sie werden morgen ein Tor schießen, das letzte Tor und zugleich das Siegtor, und Christopher wird Ihnen dabei helfen.«

Er sah mich verblüfft an. »Soll er mir zur Hand gehen oder was?«

»Ja, genau.«

Am nächsten Tag traf ich mich mit meiner Freundin Karen, einer peppigen Blondine. Wir hatten uns monatelang nicht gesehen und saßen jetzt beim Kaffee, um Neuigkeiten auszutauschen. Ich war ganz bei der Sache und hatte das Reading für Paul ganz vergessen. Ich gebe auch wirklich viele Readings und kann unmöglich immer alles im Kopf behalten. Tatsächlich sorge ich selbst auch dafür, dass sich mir persönliche Informationen nicht einprägen. Erstens sind sie ja nicht für mich gedacht, und zweitens wäre ich bald ein Nervenbündel, wenn ich alles in Erinnerung behalten würde.

Wir plauderten also, als eine SMS auf meinem Handy erschien: »Eben das Siegtor geschossen. Im Tor stand Christopher.«

Ich musste lächeln, und dann tauchte Christopher neben mir auf. »Na bitte, ich hab doch gesagt, du sollst ihm ein Reading geben.« Er zwinkerte mir zu und verschwand.

Ich musste lachen.

»Was gibt es denn zu lachen?«, wollte Karen wissen.

»Nichts … das Leben ist einfach komisch.«

Bei dem Reading für Paul ging es einfach um Bestätigung. Er glaubte, dass sein Freund noch bei ihm war, und das wünschte er sich auch, aber erst durch das Reading hatte er die Gewissheit, dass es tatsächlich so war. So gelang es ihm, mit der ganzen Sache ins Reine zu kommen. Manchmal weitet sich etwas ganz unbedeutend Erscheinendes zu einer Botschaft von erheblicher Durchschlagskraft aus. Viel Heilsames wurde Paul an diesem Tag zuteil und wirkte auch über den Tag hinaus weiter.

* * *

Suchen Sie gleich am Beginn des Tages die Verbindung zum höheren Ursprung, zum Göttlichen. Wenn das gelingt, kann unser Leben eine echte Wendung nehmen.

Diese Wahrnehmung des Universums verbindet uns nämlich auch mehr mit anderen und letztlich mit uns selbst.

Unser Erdenleben ist voller Illusionen. Es ist sogar so,
dass wir auf dieser stofflichen Ebene bestimmte Illusionen brauchen, um überhaupt existieren zu können. Zeit
beispielsweise ist eine Illusion, die wir brauchen, um das
Leben hier leichter begreifen zu können.

Ich habe Mitgefühl mit meinen Klienten, und Mitgefühl kann sehr heilsam sein, aber ständige intensive Ein-
fühlung kann hinderlich und sogar schädlich sein. Deshalb
bemühe ich mich, bei meiner Arbeit nicht allzu emotional
zu werden, ich bitte die geistigen Helfer ringsum sogar um
Unterstützung bei meinen Bemühungen, nicht zu weinen. Ich möchte den Menschen, die von ihren Verstorbenen hören wollen, so gut wie möglich dienen. Wenn ich
dann emotional reagiere oder sogar weine, kann das ver-
wässernd wirken und dem Ganzen seine Klarheit nehmen.

Jedes Molekül in uns, alle Bestandteile und Elemente
werden im Himmel in der Gegenwart des Schöpfers und
der Engel geformt und gefügt. Wenn Sie nicht an Wunder
glauben, wäre es jetzt vielleicht an der Zeit, sich einmal
klarzumachen, dass Sie selbst eins sind. Ihr bloßes Vor-
handensein in diesem Universum ist ein großes, freudiges
Wunder.

Tony

Die Schwachen können nicht verzeihen. Vergebung ist für die Starken.

MAHATMA GANDHI

Bei großen Gruppen-Readings mit bis zu dreihundert Teilnehmern gebe ich manchmal zwei bis drei Stunden lang die Durchsagen der Verstorbenen weiter. Es beginnt damit, dass ich zunächst den Geist beschreibe, den ich gerade »empfange«, bis sich jemand im Saal meldet, der zu wissen glaubt, um wen es sich da handelt. Auf diese Art erreicht man viele Menschen und bewirkt viel Heilsames in kurzer Zeit. Nicht jeder, das liegt in der Natur meiner Arbeit, kann in den Genuss eines persönlichen Readings bei mir kommen, und da sind solche Gruppen-Readings segensreiche Erfahrungen, die etwas bewegen und bewusstseinsverändernd wirken.

So war es an einem Abend in Florida, an dem ich Botschaften aller Art zu übermitteln hatte – verstorbene Tiere, Kinder, Großmütter meldeten sich zu Wort. Es war deutlich, dass sehr viel Heilsames geschah, und vielen im

Publikum wurde die tief bewegende Kraft des Geschehens bewusst. Auch Leute, die nicht selbst eine Botschaft bekamen, zeigten sich sehr berührt von dem, was andere erlebten. Es waren einfache, klare Botschaften, nichts Außergewöhnliches oder gar Erschreckendes.

Als es wieder einmal darum ging, die nächste Verbindung zu »schalten«, erschien mir ein junger männlicher Geist. Ich bekam einen visuellen Eindruck, der jedoch sehr undeutlich blieb. Er wirkte ein wenig derangiert – traurig und verstimmt. Die Traurigkeit war sehr deutlich und dass ihm sehr unbehaglich zumute war, es kam mir vor, als wisse er gar nicht so recht, ob er überhaupt erscheinen und den Kontakt zu jemandem suchen solle. Ich spürte, dass er nicht gern da war. Meinem vagen Eindruck nach war er etwas über zwanzig Jahre alt, das Haar schien eher dunkel und etwas länger, die Arme waren anscheinend tätowiert. Ich sah ihn nicht innerlich, sondern so, als stünde er im Raum, aber nebelhaft, ohne deutliche Gestalt.

»Alles in Ordnung?«, fragte ich ihn.

»Ja, geht schon. Ich bin hier, um mich zu entschuldigen«, sagte er zu mir gewandt und zeigte mir einen Revolver.

Das gab ich an das Publikum weiter: »Hier meldet sich ein Mann mit einer Schusswaffe. Ich spüre, dass er irgendetwas sehr bereut. Er ist zwischen zwanzig und dreißig.«

Ein paar Leute begannen miteinander zu flüstern. Viele kramten offenbar in ihrem Gedächtnis nach Personen, auf die meine ersten Anhaltspunkte zutrafen. Es meldete sich jedoch niemand, also musste ich wohl erst noch weitere Informationen über diesen Geist liefern.

»Ich heiße Tony«, sagte er zu mir.

»Er heißt Tony.«

Eine Frau in der ersten Reihe, die vorher schon unruhig gewirkt hatte, hob die Hand und rief: »Der Schwager meines Großvaters hieß Tony, und er hatte eine Waffensammlung.« Ich wusste sofort, dass es nicht die richtige Verbindung war. Dieser junge Mann war noch nicht lange in der geistigen Welt.

»Ich glaube, dass es sich um jemanden aus aktuellerer Zeit handelt«, sagte ich, »kein Großonkel oder so.«

Dann blitzte der Ortsname »Dorchester« in Massachusetts auf; ich kannte den Ort aus meiner Kindheit. Dann überlegte ich kurz, um diese Information richtig einzuordnen. Ich selbst hatte einen Freund namens Tony, der aus Dorchester stammte. Bildete ich mir hier etwas ein, oder handelte es sich um eine reale mediale Botschaft? Dann rang ich mich aber dazu durch, einfach bei dem zu bleiben, was ich empfing oder was dieser Geist mir zeigte.

»Eben habe ich kurz den Ortsnamen Dorchester gesehen und dazu noch einmal den Name Tony.«

Es war alles ein bisschen seltsam, denn dieser Abend fand in Boca Raton in Florida statt, nicht in Massachusetts. Man konnte nicht davon ausgehen, dass der Ort vielen in Florida bekannt war oder sie Verbindungen dorthin hatten.

»Kann jemand etwas mit Dorchester anfangen?«, fragte ich in die Runde.

Stille.

»Massachusetts, Dorchester Massachusetts«, erweiterte ich mein Angebot.

Ich wandte mich wieder dem Geist zu. Er zog die Schultern hoch und ließ mich wissen: »Sie sitzt hinten.«

Ich nahm ein Funkmikrofon und bewegte mich nach hinten. Dort deutete ich auf die letzten beiden Reihen und fragte: »Sagt der Name Tony hier hinten jemandem etwas? Dorchester?«

Da saß eine Frau, die mich ansah und den Blick dann wieder abwandte. Sie mochte über sechzig sein, klein, dunkles Haar, gepflegt. Sie trug einen weißen Pullover, dazu eine khakifarbene Hose und wirkte angespannt. Ihre blauen Augen wanderten im Raum umher, in der Hand hielt sie einen silbernen Rosenkranz. Keiner der neben ihr Sitzenden schien etwas mit ihr zu tun zu haben, und ich überlegte, ob sie wohl allein gekommen war. Innerlich hörte ich den Namen Greg und gab auch das gleich weiter, während ich nach wie vor hinten stand.

Sie schlug die Hand vor den Mund und fing an zu weinen. Dabei sah sie mich direkt an.

»Sagt Ihnen das etwas?«, fragte ich sie.

»Irgendwie schon«, gab sie zurück. Sie wirkte erschrocken.

»Es ist wichtig, auch für den Fluss dieses Zusammenseins, dass wir uns alles, was für Sie sein könnte, näher ansehen, um zu bestimmen, ob es wirklich so ist.«

Sie nickte und sagte: »Also, Greg war mein Sohn. Er starb durch einen Schuss. Er starb in Dorchester, und Tony …« Weiter kam sie nicht.

Weiter vorn wandten sich einige Leute um.

»Tony ist hier, weil er um Verzeihung bitten möchte«, sagte ich und hörte dabei innerlich: »Es tut mir leid«, wieder und wieder wie ein Handy-Rufton. Von der Frau kam ein leiser Klagelaut, und sie weinte wieder.

»So heißt der Mann, der meinen Sohn getötet hat«, sagte sie kaum hörbar. »Er ist auch tot.«

Im Raum herrschte bestürztes Schweigen. So etwas hatte auch ich noch nicht erlebt. Ich dachte: »Du hast ja Nerven, Freundchen. Bringst jemanden um und trittst dann hier auf.« Ja, es kommt vor, dass ich bei meiner eigenen Veranstaltung schockiert werde. Es war jedenfalls das erste Mal, dass sich jemand, der einen anderen umgebracht hatte, aus der geistigen Welt meldete, um sich bei dessen Angehörigen zu entschuldigen. Lauter Fragen schossen mir durch den Kopf. Geht das überhaupt, dass sich jemand von drüben meldet, der einen anderen getötet hat?

Durch meinen Umgang mit der Welt der Geister weiß ich unter anderem, dass unsere Vorstellungen von Himmel und Hölle nicht unbedingt dem entsprechen, was auf der anderen Seite tatsächlich vor sich geht. Wenn wir hier Schlimmes anrichten – Mord, Misshandlung, Diebstahl und so weiter –, werden wir dafür zwar drüben in dieser oder jener Form zur Verantwortung gezogen, aber wir werden nicht bestraft oder ins Arbeitslager geschickt, sondern müssen spirituelle Lektionen lernen, die uns erlauben, solche Neigungen hinter uns zu lassen, um uns spirituell weiterentwickeln zu können.

Hier hatte ich das Gefühl, diese Frau nicht zum Kontakt mit dem Mörder ihres Sohns zwingen zu können. Ich musste es ihr freistellen und fragte: »Möchten Sie mit dieser Person in Kontakt treten?«

»Ja, das möchte ich«, sagte sie, stand auf und nahm das Mikrofon. »Tatsächlich ist *er* es, mit dem ich sprechen möchte. Bei allen bisherigen medialen Sitzungen hat sich immer mein Sohn zu Wort gemeldet, und ich weiß, dass es ihm gut geht. Aber von Tony würde ich gern wissen, weshalb er meinen Sohn getötet hat.«

Tony fing sofort an, mir auf telepathischem Weg die gewünschten Mitteilungen zu machen. Mit ihrem Einverständnis und Segen war er bereit zu sprechen.

Innerlich sah ich einen Handschlag, ein Symbol für Freundschaft. Deshalb sagte ich: »Dieser Mann hat Ihren Sohn getötet, sagen Sie, aber ich habe außerdem das Gefühl, dass die beiden gute Freunde waren.«

»Ja, das waren sie.« Die Frau schlug wieder die Hände vors Gesicht. »Sie waren dicke Freunde.«

Plötzlich spürte ich innerlich die Atmosphäre von Streit und hörte eine laute Stimme: »Es kann doch nicht wahr sein, dass du so etwas mit mir machst! Wie kannst du mit meiner Freundin ins Bett gehen?« Mir war, als wäre ich in einen Film geraten. Ich schüttelte den Kopf ein wenig und gab weiter, was ich da hörte.

»Ja, das stimmt«, antwortete die Frau. »Es gab einen Riesenkrach wegen der Freundin. Es war schlimm. Mein Sohn hat aber eigentlich gar nichts gemacht, Tony muss sich da was eingebildet haben … er hatte eine schwierige Kindheit gehabt, ich war für ihn wie eine zweite Mutter, eigentlich habe ich ihn sogar großgezogen.«

In diesem Moment empfing ich die Mitteilung, dass Tony sich bald nach dem Tod seines Freundes das Leben genommen hatte. Ich sah keine Szene dazu, und es waren keine besonderen Empfindungen damit verbunden – ich wusste es einfach ganz plötzlich und sehr klar.

»Er hat sich das Leben genommen«, platzte ich heraus und staunte über meine Direktheit, denn andererseits wollte ich sie auch nicht mit allzu vielen Fakten überlasten, das hätte sie vielleicht verunsichert.

»Ja, so war es«, räumte die Frau ein. »Es brach alles über ihm zusammen, und da hat er Schluss gemacht.« Sie schüttelte den Kopf und blickte vor sich auf den Boden. »Was für eine unselige Verkettung.«

Es war sehr still im Raum. Dann sprach sie weiter: »Er war so gut mit meinen Söhnen befreundet. Ich habe ihn gebeten, heute hier aufzutreten. Ich brauchte Klarheit über diese Sache. Wir sind einfach alle so traurig. Zwischen seiner Mutter und mir ist eine enge Beziehung entstanden. Weiß er das?«

Ich gab diese Frage innerlich an Tony weiter, und er bejahte. Zum Beweis fügte er an, er sei in der Vorwoche dabei gewesen, als die beiden Frauen einen Erinnerungslauf gemacht hatten. Das bestätigte die Frau. Sie hatte einen Erinnerungslauf für ihren Sohn gemacht, und Tonys Mutter hatte sich angeschlossen.

»Es ist alles so verwickelt«, schloss sie an. »Das Ganze ist einfach nur tragisch, für beide Seiten. Niemand hat etwas davon, aber zumindest verstehe ich jetzt.«

Für einem Moment blieb es still, aber ich spürte, dass noch etwas kommen würde.

»Warum hat er das getan? Weshalb hat er meinen Sohn umgebracht?«

Solche tonnenschweren Fragen sind sehr schwer zu beantworten. Es liegt daran, dass Antworten zwar erleichtern können, aber trotzdem nur einen begrenzten Nutzen haben. Keine Antwort, die ein Geist geben kann, bringt einen Toten zurück. Die Verbindung mag stark und vielfach bestätigt sein, dennoch kommt kein Toter je wieder zurück. Deshalb sage ich den Leuten immer, dass kein noch so gutes Medium die reale Beziehung zu einem geliebten Menschen ersetzen kann – und es deshalb wichtig ist, jede Sekunde des Zusammenseins mit geliebten Menschen dankbar auszukosten. Ein Reading ändert nichts an einer solchen Beziehung. Wenn jemand über ein Medium Verbindung aufzunehmen versucht, geht es oft darum, Dinge zu hören und einzuordnen, die er oder sie vielleicht schon weiß, sich aber noch nicht eingestehen kann.

Es kann in manchen Fällen erschreckend sein, wie abenteuerlich und unheimlich die Dinge werden müssen, damit sich Chancen für Veränderung und Entwicklung auftun können. Wir haben es tatsächlich nicht in der Hand, was im Leben alles auf uns zukommt. Wir entscheiden nicht selbst über die Hindernisse und Herausforderungen, mit denen Gott uns konfrontiert. Wir sind hier, wie manche sagen, nur Figuren in einem Stück, wir haben unsere Rolle zu spielen und möglichst gut zu spielen.

Auch wenn es mit etwas abzuschließen heißt, gibt es viele Möglichkeiten. Es kann sein, dass wir etwas von einem geliebten Menschen hören möchten – mitunter sogar von jemandem, bei dem wir gar nicht damit rechnen, dass er sich zu Wort meldet. Immer können wir uns dabei sagen, dass die Geister der Verstorbenen kein Ego mehr haben. Sie melden sich nicht, weil sie Publikum brauchen oder irgendwelche eigenen Absichten verfolgen, sondern weil sie uns in Richtung Heilung und Vergebung weiterhelfen möchten.

Ich spürte auf einmal, dass noch jemand bei Tony war,

ein braunhaariger muskulöser junger Mann in weißem T-Shirt und Jeans. Er strahlte, er lachte. Ich freute mich mit ihm. Er gab seinem Freund einen High five und sagte zu mir: »Ich bin ihr Sohn.«

»Tony ist da drüben mit Ihrem Jungen zusammen«, berichtete ich der Frau und beschrieb das Aussehen ihres Sohns. Sie nickte. Ja, so sah ihr Sohn aus.

»Das hat mich auch interessiert, ob sie zusammen sind«, gestand sie. »Einerseits überrascht es mich, aber irgendwie ist es auch stimmig. Sie haben sich wirklich gut verstanden.«

Es mag uns zuerst befremden, dass zwei Menschen, von denen einer den anderen getötet hat, drüben am selben Ort und sogar vereinigt sind, aber die beiden waren nun einmal tief miteinander verbunden. Es war ein einziges Geschehen, und die gleichen Gefühle erfassten alle Beteiligten. Vor allem die beiden jungen Männer mussten die tragischen Verwicklungen irgendwie bewältigen. Wenn man sich drüben mit seinem Mörder herumtreibt, kann das wohl nur ein Fall von vollkommenem Verzeihen sein.

Und das ist der eigentliche Zweck eines Readings: den Sinn erkennbar zu machen, der auch in einem tragischen Geschehen liegt. Es bringt Ordnung in den ganzen Ablauf, macht den Zusammenhang nachvollziehbar. So verwandelt sich Unkenntnis in Durchblick, Undurchschaubares wird klar und dem ganzen Unbehagen folgt Frieden. Ein solches Reading wirkt heilsam, weil es aufzeigt, dass der Menschengeist durchaus in der Lage ist, sich über Gefühle wie Groll, Wut und Feindseligkeit zu erheben und zu Vergebung, Frieden und Einklang finden kann. Ein verwickeltes Geschehen wird zunehmend einfacher, bis es nur noch um den emotionalen Grundgehalt geht. Die Situation wird »entgiftet«.

Bei einem Reading ist es so, dass der Fragesteller in vielen Fällen eigentlich schon weiß, wie die Antwort lautet. Wir tun uns nur schwer, uns einzugestehen, dass wir die Wahrheit schon kennen, wir wagen es nicht, unserem Instinkt zu glauben.

Nach dem Ende der Veranstaltung kam diese Frau auf mich zu und umarmte mich. Sie bedankte sich für alles, was ich ihr von Tony und ihrem Sohn ausgerichtet hatte.

Als sie sich zum Ausgang wandte, hatte ich ein Bild von Tony und Greg, wie sie sich ein wenig balgten und froh über ihr Zusammensein waren.

Vergebung ist die heilsamste Seelenregung überhaupt. Diese Frau hatte dem Mörder ihres Sohns verziehen, wie hätte sie sonst bereit sein können, ihm direkt zu begegnen? Auch ihr Sohn hatte verziehen, es war nur allzu offensichtlich.

Die beiden Väter

Es gibt mehr Dinge im Himmel und auf Erden, als eure
Schulweisheit sich träumt, Horatio.

WILLIAM SHAKESPEARE

Zwei Männer erschienen, und ich erkannte sie gleich als
Väter. Ich sehe immer, wie Geister als lebende Menschen
ausgesehen haben, und ich sehe sie von Energien umge-
ben. Ich sehe, wie sie als Menschen waren, ihre persönlichen Eigenheiten.

In diesem Fall sah ich auch gleich eine Schusswaffe, und
als ich das mir gegenübersitzende Paar fragte, ob ihnen
das etwas sagte, bejahten sie. Gleich darauf blitzten die
Namen Bruce und Tom vor mir auf, aber nicht schatten-
haft wie die beiden Gestalten, sondern wie auf eine ätherische Tafel geschrieben.

So skeptisch Jennifer und Josef anfangs gewesen waren,
nach diesen Informationen starrten sie mich wie gebannt
an.

Jennifer hatte ein paar Tage zuvor angerufen und einen
Termin verlangt. »Ich brauche den ersten Termin, den Sie

für mich finden können«, hörte ich eine durchdringende Stimme am anderen Ende sagen, und bevor ich antworten konnte, fragte sie: »Muss ich da lange warten?«

Das würde sie allerdings. Meine Warteliste war lang – einen ganzen Monat. Ich kann als Hellseher und Medium bis zu sechs einstündige Sitzungen am Tag verkraften, danach bin ich fix und fertig, und bei jeder weiteren Sitzung wären die Informationen, die ich dann weitergebe, nicht mehr zuverlässig. Man kann einfach nicht unbegrenzt mit Leuten reden und mit Toten schon gar nicht. Da geht einem die Energie manchmal schneller aus als bei einem Zehn-Kilometer-Lauf an einem Sommertag.

Es fällt mir schwer, jemandem abzusagen, dessen Ehe von einem baldigen Termin abzuhängen scheint, aber ich fände es auch unfair, andere Klienten, die ja auch einen Monat gewartet hatten, auf andere Termine zu verschieben, nur um eine leicht hochnäsig wirkende Frau unterzubringen.

Ich teilte ihr also mit: »Leider habe ich zurzeit nichts frei, aber ich schreibe mir Ihre Nummer auf für den Fall, dass jemand absagt. Ich melde mich dann bei Ihnen. Wenn es sein soll, wird es auch so sein.«

Damit schien sie überraschenderweise leben zu können. »Ich bete einfach, dass jemand absagt.«

Die auf der anderen Seite, die hier alles einfädeln, sind manchmal verblüffend schnell. Sie haben ja auch dafür zu sorgen, dass wir die benötigten Informationen zur richtigen Zeit bekommen. Jedenfalls hatte ich am nächsten Tag ungewöhnlich viele Absagen, ganze vier. Und Jennifer sicherte sich das erste Zeitfenster.

Schon als ich Jennifer und Josef in meinem Wartezimmer sah, wusste ich, dass es eine aufwühlende und traurige Sitzung werden würde. Mir war zum Weinen zumute. Das kommt nicht oft vor, aber wenn ich spüre, dass ein besonders intensives Reading ansteht, beschleichen mich manchmal solche Empfindungen noch vor dem Beginn der Sitzung.

Jetzt sahen mich die beiden erwartungsvoll an. Die Zukunft sollte ich ihnen offenbaren.

Ich empfange über alle meine »Hellsinne«. Das sind außer dem Hellsehen das »Hellfühlen« (in dem ich die Dinge so wahrnehme, wie Sie Ihre Gefühle fühlen) und das »Hellwissen« (in dem ich die Dinge einfach weiß, wie Sie einfach wissen, dass etwas Heißes auf der Haut brennt). Damit fange ich dann an, ein Bild aufzubauen. Ich frage die Verstorbenen nach Namen und charakteristischen Details, etwa nach zu der Geschichte gehörenden Straßennamen, Geburtstagen, besonderen Orten oder Erinnerungen. Ich fordere die Geister auf, mir zu zeigen, wo sie als Menschen gelebt haben oder was sie im Leben gemacht haben – irgendetwas, woran meine Klienten erkennen, dass der Verstorbene wirklich anwesend ist. Namen sind offenbar besonders wichtig, denn mit dem Namen bin ich schon ganz nah am Wesen dessen, mit dem ich da spreche.

Zu Jennifer sagte ich: »Ihr Vater, Bruce, erzählt mir eben von den ersten Schuhen, die er Ihnen gekauft hat. Die alten Steppschuhe, die weißen, die jetzt an Ihrem Bett hängen.«

Sie hielt die Luft an. »Ja, ich hatte weiße Steppschuhe.« Sie bestätigte auch, dass sie die Schuhe zusammen mit ihrem Vater gekauft hatte, eine schöne Erinnerung. Und dass sie jetzt über dem Bett ihrer Tochter hingen.

»Er sagt aber, dass sie an deinem Bett hängen. Das stimmt also nicht«, wandte Josef ein.

Seiner Skepsis konnte ich gleich abhelfen: »Ihr Vater ist auch da. Er lässt Sie wissen, dass er Mick auf der anderen Seite gefunden hat.«

Josef traten die Tränen in die Augen. Seine Stimme wurde klein und traurig. Sein Gesicht bekam etwas Aufgedunsenes. Er wandte sich ab und berichtete, Mick sei der Hund gewesen, den er als Junge gehabt hatte; er sei viele Jahre vor dem Tod seines Vaters durch ein Feuer umgekommen. Während er sprach, sah ich ein rosafarbenes Haus, in dem es brannte, dazu war das Jaulen und Winseln eines Hundes zu hören. Es war alles so real, dass es mich regelrecht durchfuhr, Schauer liefen mir über den Rücken, und ich zuckte sogar leicht. Dann sah ich Blut und Schusswaffen. Das alles schilderte ich den beiden, und sie begannen zu weinen.

»Es ist nur logisch, dass Sie das sehen«, sagte Jennifer. Damit bestätigte sie zwar meine Eindrücke, gab aber nicht preis, was daran so logisch war.

Solche Readings können ganz schön Nerven kosten, da ich ja zunächst nur Bruchstücke eines Puzzles erkennen kann, die sich erst nach und nach zu einem Bild fügen. Die Dinge entwickeln sich nicht schön der Reihe nach, sondern stürmen auf mich ein und finden erst im weiteren Verlauf ihren Zusammenhang.

»Ich höre Rufe und Schreie, es geht hier wirklich wahnsinnig laut zu, mir wird ein bisschen schwindelig wie unter Alkohol, fast wie eine leichte Übelkeit.« Diese entsetzlichen Schreie fuhren mir wirklich in den Kopf und die Glieder. Mir dröhnte der Kopf und der

ganze Tumult schien in meinen Ohren endlos nachzu-
hallen.

Ich sah die beiden immer nur nicken, die Augen weit
aufgerissen, fassungslos.

Jennifer wischte sich die Tränen ab, fasste sich und
fragte: »Gibt es etwas, was sie uns mitteilen möchten?« Es
war das erste Mal, dass sie eine emotionale Reaktion
zeigte, wie ich sie von Joseph vorher schon gesehen hatte.
Mir schien aber, dass sie die ganze Sache lieber distanziert
und wissenschaftlich angehen wollte. Sie wollte eigentlich keine Bilder, keine Gefühle, kein Geschrei, sie wollte
Mitteilungen.

Mitteilungen sind manchmal so eine Sache. Oft steckt
hinter dem Wunsch danach eine Warum-Frage. Warum
spricht jetzt dieser Geist vor? Die Antwort ist oft geradezu lächerlich simpel und entsprechend unbefriedi-
gend: Der Geist möchte einfach Hallo sagen. Natürlich
kann es auch komplexer zugehen, zum Beispiel wenn etwas thematisiert wird, was gerade im Leben des Klienten
vor sich geht und verlangt, dass ungelöste vergangene
Dinge bearbeitet werden.

So war es, als jetzt Jennifers Vater sprach. Ich gab alles
augenblicklich weiter: »Sie sollen wissen, dass sie Ihre
Eheschließung gutheißen, auch wenn sie nicht in Person
dabei sein können. Ich spüre zwar, dass die beiden hier
auf der Erde Krach miteinander hatten, aber drüben sind
sie Freunde, sie geben sich die Hand. Sie haben nichts dagegen, dass Sie heiraten. Sie werden ihnen am Tag der
Trauung einen Regenbogen schicken und als Geister anwesend sein.«

Die Worte flossen mir nicht einfach zu, sie strömten

durch mich hindurch. Jennifers Vater hatte mich praktisch besetzt. Wenn ich sprach, war es, als hörte ich einen anderen sprechen. Ich bekam nicht einmal richtig mit, was er alles sagte.

Bis jetzt hatte ich noch nicht viel, was mir die Sicherheit gab, dass ich überhaupt irgendetwas Verständliches weitergab, nur ein paar zweitrangige Einzelheiten. Bei Readings ist es dann auch noch häufig so, dass die Leute sich erst einmal bedeckt halten. Sie möchten nicht viel preisgeben, sie wahren ihr Pokerface, um erst einmal herauszufinden, ob ich es wirklich »bringe«.

In diesem Fall jedoch sagte Jennifer mit ganz gefasster Stimme, aber zitternden Händen: »Was Sie da sagen, ist alles sehr nachvollziehbar. Unsere Väter hatten geschäftlich miteinander zu tun, aber es gab keinerlei familiäre Verbindungen. Vor drei Jahren sind sich unsere Väter dann in einer Kneipe mächtig in die Haare geraten, und mein Vater hat seinen erschossen. Das hat ihn aber so mitgenommen, dass er sich in einem Hotel eingemietet und selbst erschossen hat. Josef und ich sind uns also durch den Tod unserer Väter begegnet. Wir haben zusammen getrauert und uns verliebt.« Die letzten Worte brachen stockend aus ihr heraus, sie begann zu weinen und griff nach einem Taschentuch.

Ich erlebe als Medium so manches, aber diese Geschichte verschlug mir den Atem. Ich war völlig baff, Jennifers Worte wirbelten mir im Kopf herum, wieder und wieder – »hatten geschäftlich miteinander zu tun … mein Vater hat seinen erschossen … sich selbst erschossen … durch den Tod unserer Väter begegnet …« Die Worte blieben ein Wirrwarr, ich musste es irgendwie schaffen, sie innerlich klar werden zu lassen. Als Medium musste ich einfach annehmen und erkennen können, dass diese beiden Männer, die es in ihrer Wut aufeinander zu Mord und Totschlag hatten kommen lassen, jetzt ein Herz und eine Seele waren. Zwei Familien waren an diesem Blutvergießen zerbrochen, und jetzt sollte eine neue daraus hervorgehen. So weit, so gut. Aber aus diesseitiger Sicht blieb es für mich unfassbar, dass jemand, Jennifer, ihr Leben mit dem Sohn des Mörders ihres Vaters teilen wollte.

»Oh«, sagte ich.

Jennifer fuhr flüsternd fort: »Wir sind hergekommen, um uns zu vergewissern, ob wir mit dem Segen unserer Väter heiraten können. Sie sagen, dass sie zustimmen?« Ihre Stimme hob sich am Ende, als könne sie es noch nicht ganz glauben.

»Ich sage gar nichts«, erwiderte ich. »Sie sprechen durch mich.« Mir war klar, dass ich nur Überbringer der Botschaft war, nicht ihr Absender. Ich musste meine Neutralität ganz deutlich machen. Für den Moment hatten wir außerdem die Rollen getauscht: Die Ungläubigen waren jetzt überzeugt, und der »Wissende« musste angesichts der bestürzenden Realität einen Schritt zurücktreten.

Josefs Vater bekräftigte: »Wir würden sie gern zusammen sehen.«

»Wir sind ganz dafür«, stimmte Jennifers Vater zu. »Wir lieben sie.«

»Sie lieben sie. Sie stimmen beide zu«, gab ich weiter.

»Sie lieben uns«, wiederholte Jennifer versonnen, als wüsste sie nicht genau, was das bedeutet. Ich meinerseits wusste nicht, ob die Geister dazu noch etwas sagen wollten oder ich in der Lage sein würde, es klar rüberzubringen.

Jennifers Vater trat vor: »Wir auf der anderen Seite lieben bedingungslos. Von hier aus sehen wir unsere Lieben auf der Erde so, wie sie wirklich sind. Wir lieben sie, ohne irgendetwas dafür zu erwarten, wir lieben sie mit allen Fehlern und Schwächen. Es ist einfach reine Liebe.«

Ich übermittelte das Wort für Wort. Jennifer drückte die Hand ihres Verlobten.

Wir sprachen noch weitere zehn Minuten miteinander. Jennifer wollte Näheres über den weiteren Weg ihres Vaters nach seinem Tod wissen. Josef war von der ganzen Sache offenbar so erschüttert, dass er kaum noch etwas sagte, nur dann und wann, wenn ich etwas mitteilte, was er wiedererkannte, schüttelte er mit gesenktem Blick leise den Kopf und ließ etwas wie »Das gibt's doch nicht« verlauten.

Wir beendeten die Sitzung mit Gebeten. Jennifer wollte gern für Vater und Schwiegervater beten, und ich gab diesem Wunsch nach, so ungewöhnlich er war. Anschließend beteten wir noch gemeinsam ein Vaterunser, und gegen Ende merkte ich, wie die Geister der Väter sich allmählich zurückzogen. Es fühlte sich an, als wäre jetzt wieder Platz im Raum, sodass man richtig durchatmen konnte. Meine Klienten erhoben sich und wandten sich zur Tür, die ich ihnen aufhielt. Josef streckte mir die Hand hin, Jennifer ging mit einem Kopfnicken vorbei und sagte sehr leise: »Danke. Danke.«

Die ganze Ausstrahlung der beiden war verändert, die Stimmung deutlich besser. Sie waren so angespannt und nervös gekommen, jetzt wirkten sie ruhig, beinahe heiter. Für Jennifer war es gut zu wissen, diese Ehe eingehen zu können, ohne sich ständig fragen zu müssen, ob ihr Vater wohl noch an der Last seiner furchtbaren Tat zu tragen hatte. Josef konnte beruhigt die Frau heiraten, deren Vater seinen getötet hatte. Er wusste, sein Vater war vollkommen einverstanden. Ich atmete erleichtert auf. Freie Bahn.

Ich dachte im weiteren Verlauf dieses Tages immer wieder an Jennifer und Josef. ihre Geschichte ging mir nach. Die Toten und die Lebenden hatten hier alle etwas gelernt und einen ganz besonderen Augenblick der Verbundenheit erlebt. Für die beiden Väter fand ein für beide Familien grauenhaftes Geschehen seinen Abschluss, und das junge Paar konnte guten Gewissens, ohne Ängste und Sorgen weiter seinen Weg gehen. Ich lernte einmal mehr etwas über die Zyklen und Zufälle des Lebens, über das erstaunliche Zusammentreffen der Dinge, das weder zu leugnen noch zu ändern ist. Manches geht einfach über unseren Verstand, und wir befrachten es mit unseren Deutungen, um einen tieferen Sinn darin erkennen zu können, aber am Ende müssen wir es doch so hinnehmen, weil wir die Zusammenhänge einfach nicht überblicken. Zur großen Auflösung am Schluss kommt es nicht, sodass wir nie mit letzter Sicherheit wissen, ob wir die Dinge richtig sehen oder nicht. Gehen wir also der Einfachheit halber mal davon aus, dass wir sie richtig sehen.

Sonderbare Fragen beschäftigten mich. Die beiden hatten sich ja durch den Tod ihrer Väter gefunden und wussten beide, dass sie einander sonst niemals begegnet wären. Wie lebten sie damit? Stellten sie sich je die Frage, ob sie auf ihre Liebe verzichten würden, wenn sie ihre Väter zurückbekommen könnten? Wenn Gott einschreiten würde, um den beiden anzubieten, der ganzen Sache einen anderen Verlauf zu geben, würden sie annehmen?

Nun gut, sagte ich mir, zum Glück besteht diese Wahl gar nicht, die andere Seite weiß schon, wie sie die Dinge einfädelt. Vielleicht müssen wir gar nicht alle Antworten bis ins Letzte kennen, vielleicht ist es wichtiger und fühlt sich auch besser an, nicht zu wissen, weshalb alles so gelaufen ist, und es einfach anzunehmen und zu bejahen. Manchmal ist es wirklich leichter, die Dinge einfach so zu nehmen, wie sie sind. Aber in diesem Fall hatte sogar ich – das Medium, der Hellseher – meine Bedenken, ob das wirklich alles so war, wie ich es mir zurechtlegte. Hatte das alles einen tieferen Sinn und Zweck? Konnte das wirklich der Plan gewesen sein: zwei Menschen durch den Tod ihrer Väter in Liebe zu vereinen? Es wirkte alles ein bisschen überzogen. Ich zweifelte.

Am Samstag nach diesem Reading stand ich zum Joggen im Central Park früh auf. Auf den Bänken lag noch der Morgentau in glitzernden Perlen, die Sonne strahlte. Ich dachte an die beiden und freute mich, dass sie bei so schönem Wetter heirateten. Ich versuchte, mir hellseherisch einen Eindruck vom Verlauf ihres großen Tags zu verschaffen. Ich spürte Freude und Glück. Mein Herz schlug höher beim Laufen.

Es ist nicht ungewöhnlich, dass ich nach solchen Sitzungen E-Mails erhalte und über den weiteren Gang der Dinge unterrichtet werde. Es überraschte mich daher nicht, als ich nach etwa einer Woche eine Nachricht von Jennifer bekam:

Lieber Thomas,

es war für uns beide ein schönes Erlebnis vorige Woche bei Ihnen. Was da alles durchkam, war wirklich erstaunlich für uns, und wir sind froh, dass unsere Väter dieser Verbindung zustimmen.

Ich muss gestehen, dass ich ein bisschen enttäuscht war, weil sich kein Regenbogen zeigte. Ich sagte mir, dass Sie wohl irgendetwas falsch gehört hatten. Aber als ich mir am nächsten Tag Fotos von Papa ansah, tauchte zwischen ihnen ein Bild von einem Regenbogen auf. Das fand ich erstaunlich, zumal auch meine Mutter sagte, sie habe keine Ahnung, woher dieser Regenbogen komme – und sie sieht sich die Fotos mindestens einmal die Woche an.

Alles, was Sie gesagt haben, war wunderbar, aber wirklich geglaubt habe ich es erst in diesem Moment. Danke, Papa.

Herzliche Grüße

Jennifer

Mutterliebe

Alles, was ich bin oder zu sein hoffe, verdanke ich meiner Engelsmutter.

ABRAHAM LINCOLN

Vor einem privaten Reading meditiere ich immer über die Energie meines Klienten, um zu sehen, ob vor der eigentlichen Sitzung schon etwas zu spüren ist. So stimme ich mich ein und bin dann am Beginn der Sitzung schon bereit für die Kontaktaufnahme. Es ist wie leichte Aufwärmübungen vor dem eigentlichen Training. Ich stimmte mich also auf meinen Klienten namens Phil Ginsberg ein, und sofort erschien mir innerlich das Gesicht einer Frau. Ich wusste auch gleich, dass es seine Mutter war und sie bei diesem Reading mein wichtigster Kontakt sein würde. Sie sagte: »Es wird um Loslassen gehen, um Vergebung.«

Aus dem Wartezimmer kam mein Klient herein, es war der letzte Termin an diesem Abend. Ich fühlte mich schon ein bisschen ausgelaugt, doch da ein dreitägiges Wochenende bevorstand, ging ich ganz munter in diese Sitzung.

Dann saß ein dunkelhaariger Mann von vielleicht Anfang dreißig mit wippendem Fuß vor mir. Unter buschigen Augenbrauen blickten hellblaue Augen hervor, die Kleidung war locker geschäftsmäßig: dunkelblauer Anzug, weißes Hemd, keine Krawatte. Sein gebräuntes, markantes Gesicht zeigte fein geschnittene Züge, dazu eine klare, kraftvolle Kinnlinie. Ich stellte mir vor, dass er Immobilienmakler, Banker oder so etwas war.

Phil saß still auf der Couch und hörte sich meine Erläuterungen zur Kontaktaufnahme an. Ich sagte, ich werde bei etwas anzusetzen versuchen, was ich um ihn herum sah oder spürte. Ich würde ihm alles einfach beschreiben, und er könne es dann bestätigen oder verneinen.

»Ja gut«, sagte Phil nickend, »ich habe das schon bei anderen so erlebt.«

Das Gesicht der Frau tauchte wieder auf, das ich zuvor schon gesehen hatte. Jetzt sah ich sie aber ganz, sie war nach Art einer Krankenschwester gekleidet, weißer Rock, weiße Bluse, weiße Haube.

Ich setzte das sofort um, da offenbar eine Verbindung herzustellen war. »Ist ihnen eine verstorbene Frau bekannt, die Krankenschwester oder jedenfalls im medizinischen Bereich tätig war?«

Er machte große Augen und sah mich an. »Ja, meine Mutter war Krankenschwester.«

In diesem Augenblick fühlte ich einen plötzlich einschießenden scharfen Schmerz in der Hüfte. »Autsch!«, rief ich. Geister kommunizieren oft auf diesem direkten Weg, über ein Gefühl oder eine Körperempfindung. Es ist das, was ich »Klarfühlen« nenne.

»Ich fühle einen Schmerz in der Hüfte«, erklärte ich mit noch geschlossenen Augen.

»Ja, also, eigentlich ist meine Mutter an einem Sturz gestorben. Sie fiel hin und verletzte sich an der Hüfte, und dann kam noch einiges andere dazu.« Seine Stimme war jetzt anders, etwas unsicher und unstet. Ihm traten auch Tränen in die Augen.

Der Geist seiner Mutter vermittelte mir eine weitere Empfindung, die ich kenne und die eine ganz bestimmte Form annimmt. Es beginnt mit einem Gefühl der Schwere unter den Augen, dann erscheinen dunkle Kreise in meinem Gesichtsfeld. Tief in der Brust rumpelt etwas, und an den Schläfen entsteht in der Tiefe ein Druck. Ich komme auch in leichte Atemnot – es ist ein wirklich tiefes, starkes Gefühl. Der Körper vibriert und zittert, es ist ein bisschen gruselig.

»Ihre Mutter lässt mich wissen, dass sie eigentlich ermordet wurde – aber sie möchte nicht, dass Sie es so sehen.«

Sein Gesicht zeigte den Anflug eines Lächelns. Dann rollte eine Träne.

»Also … meine«, er musste innehalten, »meine Schwester …«, er kam nicht weiter und begann zu schluchzen.

Ich hörte den Namen Marcy.

»Sagt Ihnen der Name Marcy etwas?«

»Ja, das ist meine Schwester.«

Mit dem Namen Marcy tauchte etwas Schwermütiges und Trauriges auf. Mir war leicht schwindelig, und Kopfweh hatte ich auch. Etwas Banges und Trauriges kam über mich. Darüber hinaus fühlte ich deutlich, dass ich nicht ganz in meinem Körper war, es war ein bisschen wie high oder beschwipst. Mein Herz klopfte heftig.

Mein Einfühlungsvermögen sorgt dafür, dass ich schon beim Namen eines Menschen seine Energie erlebe. Anscheinend kann ich mich in die Energien und Gefühle dieses Menschen einklinken. Von da aus erkenne ich dann, wie er als Mensch ist, ob man ihm trauen kann, von welcher Art seine Erfahrungen sind. Diese Empathie ist etwas sehr Starkes und Klares.

»Hatte Ihre Schwester was mit Drogen zu tun?«, fragte ich.

»Ja, sie war drogensüchtig. Aber jetzt ist sie ganz weg davon.«

Dann sah ich eine Szene, die sich wie ein Film in mir abspielte. Ich hörte lautes Schreien, von dem ich zwar kein Wort verstand, aber es musste sich um einen Streit zwischen zwei Frauen handeln. Die Bilder blitzten und wirbelten sehr schnell vorbei. Dann sah ich eine Frau stürzen.«

»Hat Ihre Schwester Ihre Mutter gestoßen?«

»Etwas in der Art«, sagte er sehr leise und wie unter Schock. »Das ist alles sehr traurig.«

Der Geist dieser Frau in ihrer Berufskleidung trat vor und trug mir auf, ihrem Sohn zu sagen, sie habe gewusst, dass sie ohnehin sterben würde.

»Geht es ihr gut?«, fragte er.

»Sie lässt mich ausrichten, dass sie sowieso gestorben wäre. War sie krank?«

Phil nickte. »Sie hatte Krebs im Endstadium. Sie hatte noch ein paar Monate zu leben – höchstens. Dann gab es dieses Handgemenge, bei dem meine Mutter umfiel und starb.« Wieder liefen Tränen.

Ich berichtete ihm alles Weitere: »Sie sagt, sie ist froh, dass Sie Ihre Schwester nicht angezeigt haben. Sie sei ohnehin dem Tod nahe gewesen, ihre Zeit war abgelaufen. Irgendwie, sagt sie, ist sie anscheinend gestorben, um Ihre Schwester zu retten. Und Sie, sagt sie, hätten es auch so zu verstehen versucht und darüber nachgedacht.«

Tiefes Schluchzen brach jetzt aus Phil heraus, sicher hatte er schon lange nicht mehr so geweint. Er ließ all den Spannungen, Ängsten und Schmerzen ihren Lauf. Seine ganze Aura veränderte sich dabei, auch Hals und Schultern wirkten ein wenig entspannter.

Mit gesenktem Kopf sagte er: »Darauf habe ich seit sechs Jahren gewartet.«

Seine Mutter, berichtete er weiter, sei an den Folgen dieser Verletzungen gestorben, und sein Bruder Jeff habe seine Schwester vor Gericht und ins Gefängnis bringen wollen. Für Phil war sie eine schwer gestörte Drogensüchtige, aber so traurig er über den Tod seiner Mutter war und so sehr er Marcy ihr Verhalten verübelte, er sah auch, dass das Problem so nicht zu lösen war. Seine Schwester brauchte therapeutische Hilfe. Er wollte nach dem Tod der Mutter nicht noch jemanden verlieren.

»Mama hat sich immer sorgen um Marcy gemacht«, sagte er. »Und sie hat sich so sehr gewünscht, dass sie gesund wird.«

Nun, sie wurde gesund. Phil setzte sich vor Gericht dafür ein, dass Marcy nicht wegen Totschlags zu einer Gefängnisstrafe verurteilt wurde, sondern eine therapeutische Chance bekam. Der Richter entschied sich für die Einweisung in eine geschlossene Einrichtung für intensiv betreuten Drogenentzug. Marcy kam tatsächlich ganz weg von den Drogen, ein Jahr darauf erkämpfte sie sich vor Gericht sogar ein partielles Sorgerecht für ihr Kind, das sie seit zehn Jahren nicht mehr gesehen hatte. Sie nahm ihr Studium wieder auf und machte einen Abschluss, der ihr erlaubte, mit Drogensüchtigen zu arbeiten. Heute hält sie überall im Land Vorträge an Hochschulen, in denen sie auch von ihrem eigenen Weg mit allen Hindernissen und Herausforderungen erzählt.

»Mama hat wohl ihr Leben gegeben, damit Marcy zu ihrem findet«, sagte Phil, und wieder rollte eine Träne.

Vom Geist der Mutter ging großer Frieden aus. Um ihre Gestalt leuchtete ein weißes Licht. Sie zeigte mir eine Taube, für mich das Symbol für »Ich bin in Frieden.«

Für Phil übersetzte ich: »Sie müssen wissen, dass Sie nichts hätten tun können und nichts falsch gemacht haben. Ihre Mutter möchte, dass Sie aufhören, sich Vorwürfe zu machen.«

Phil nickte. »Das kann ich jetzt sicher. Ich weiß, dass sie in Frieden ist und mir nicht übel nimmt, dass ich mich gegen Marcys Bestrafung eingesetzt habe. Jetzt kann ich vielleicht in die Zukunft sehen und diese Sache hinter mir lassen. Es ist eine Art Abschluss erreicht.«

Das Leben nimmt manchmal schmerzliche, belastende und traumatische Wendungen, sei es der Tod eines geliebten Menschen, eine Familienfehde oder eine finanzielle Krise. Unser Durchhaltevermögen wird auf harte Proben gestellt, auch von einzelnen Menschen in unserem Leben, die uns kränken oder verletzen, und das können sogar Menschen sein, die uns besonders am Herzen liegen. Aus der geistigen Welt ist jedoch immer wieder zu hören, dass wir uns in allen diesen Fällen bemühen sollen zu verzeihen. Das mag nicht immer sofort möglich sein, aber wenn es uns irgendwann gelingt, ist es ein großer Gewinn für alle Beteiligten.

Im Himmel gibt's Schokolade und Schampus

Alle wollen in den Himmel, nur sterben möchte keiner.

PETER TOSH

»Ich mag das gar nicht, wenn du so bockig wirst«, sagte meine Freundin Hannah zu mir, als ich nach dem Essen aufstand.

»Ich bin doch gar nicht bockig«, gab ich zurück, »ich habe nur keine Lust auf den weiten Weg ins Wall-Street-Viertel, um auf die Party von jemandem zu gehen, den ich nicht einmal kenne. Draußen ist herrlichstes Wetter, so schön warm, ich würde lieber ein bisschen rausgehen. Ich hab den ganzen Tag gearbeitet, ich bin müde.«

Sie schwieg, aber ich konnte förmlich sehen, wie sich die Rädchen in ihrem Kopf drehten.

»Es werden nette Leute da sein, und wir werden sicher Spaß haben. Und danach können wir irgendwo noch einen Absacker trinken, nur wir zwei. Man sieht dich ja kaum noch.«

»Du hast mich diese Woche an drei Abenden gesehen«, lachte ich.

Viele Hellseher und Medien hassen Partys und Events, aber ich gehöre eigentlich nicht dazu. Medien können sehr sensibel und von großem Einfühlungsvermögen sein, da bekommt man oft mehr mit, als einem lieb ist – es kann einen müde, reizbar, schlecht gelaunt und sogar krank machen. Ich weiß mich aber zu schützen und kann mich auch gut gegen die geistige Welt abgrenzen. Eigentlich bin ich sehr gern unter Menschen, und das auch außerhalb meiner Arbeit. Ich fühle mich schnell einsam, was allerdings nicht so oft vorkommt, weil ich ja sehr viel mit Lebenden und Verstorbenen zu tun habe.

Wenn ich Partys nicht mag, dann vor allem wegen der Standardfragen, mit denen sich jeder über das Leben der anderen zu informieren versucht – und in meinem Fall bekommt das schnell etwas Abgedroschenes und Nervtötendes. Kaum habe ich den Leuten gesagt, dass ich Hellseher und Medium bin oder Tote sehen kann, fragen sie auch schon, ob gerade ein Geist anwesend ist und vielleicht etwas mitzuteilen hat. Dann wollen sie meist wissen, wann und wie ich gemerkt habe, dass ich diese Fähigkeit besitze, woher sie kommt, ob sie mir nicht ein bisschen Angst macht und so weiter. Normalerweise komme ich ganz gut damit klar, aber heute war mir einfach nicht danach.

Ich merkte meiner Freundin an, dass sie enttäuscht war. Und ich wusste auch, dass sie nicht allein hingehen würde. Sie war seit Kurzem Single und suchte Gesellschaft, und darin wollte ich sie nach besten Kräften unterstützen.

»Also gut, ich komme mit«, sagte ich daher dann doch. »Wann treffen wir uns?«

»Um acht.«

* * *

Auf der Party fanden wir dann die typische New Yorker Szene vor – viele weitläufige Bekannte, ein paar Freunde und einige andere, denen man nicht unbedingt gern begegnet. Wie bei jeder Party ging es darum, sich von hier nach da zu bewegen und diesem oder jenem mit dem und dem bekannt zu machen und dabei unauffällig den Leuten aus dem Weg zu gehen, mit denen man eigentlich besser nicht unbedingt reden möchte. Nach etwa einer halben Stunde meldete sich bei mir der Hunger, und ich bahnte mir den Weg zu einem Tisch mit kleinen Leckereien, wo es bei Oliven, Buschetta, Käse, Wein und dergleichen auch wieder etwas zu plaudern gab. Während ich mir Oliven und Käse nahm, traf sich mein Blick mit dem einer Frau, die sich gerade Mozzarella und Kräcker auf den Teller lud. Auch ihr Mann hatte es auf die Kräcker abgesehen.

Sie lächelte und sagte: »Tolle Party.«

»Ja, wirklich«, stimmte ich zu.

»Wer gehört zu Ihnen?«, wollte sie wissen.

»Eine Freundin. Wir kennen den Gastgeber. Alte Freunde. Wie das so ist. Ich heiße übrigens Thomas.«

»Ich heiße Joan, und das ist Mark, mein Mann«, sagte sie und deutete auf ihren Mann, der am Kamin stand und in eine Käse-Tortilla biss.

Wenn man ein Paar zum ersten Mal sieht, weiß man in manchen Fällen auf den ersten Blick, dass die beiden zusammengehören. Hier war es so, sie passten einfach zueinander. An ihm fielen mir das kraftvolle Kinn, das dunkle Haar und die Augen auf. Zur Khakihose trug er ein weißes Hemd. Er war schlank, wirkte dabei aber kräftig – man sah, dass er seinen Körper gesund und fit hielt. Auch sie – im schwarzen Kleid und mit rot lackierten Nägeln – war gut aussehend, offenbar besaß sie ein Gespür für Eleganz. Beide mochten gut vierzig sein, wirkten aber jünger und gingen sehr zärtlich miteinander um. Man spürte eine große Nähe zwischen ihnen.

Nachdem ich mich mit Snacks versorgt hatte, ging ich zu den beiden hinüber, und es entwickelte sich ein Gespräch zwischen uns. Irgendetwas zog mich zu Joan und Mark hin, mich interessierte einfach, was sie wohl zu sagen hatten. Sie machte einen durch und durch besonnenen Eindruck und war sehr aufgeschlossen für spirituelle Dinge. Wir sprachen über ihre Reisen, die Kinder und den Weg zu ihrer ganz eigenen Spiritualität. Sie hatte nie besondere spirituelle Neigungen gehabt, aber nach dem Tod ihres Vaters ging ihr auf, dass es außer dieser Welt noch eine andere geben muss.

»Und was machen Sie so?«, fragte sie und nippte an ihrem Wein.

Auf Partys versuche ich, dieser Frage meist irgendwie auszuweichen, und erzähle dann, dass ich selbstständig bin oder ein kleines Beratungsunternehmen betreibe. Wenn ich mich nämlich als Hellseher und Medium oute, stürzt in der Regel gleich eine Flut von Fragen auf mich ein. In diesem Fall gab ich jedoch ganz direkt Auskunft.

»Oh, wow«, sagte Joan, »das finde ich total spannend. In der Collegezeit habe ich mir mal von einer Frau die Karten legen lassen. Ich war oft bei ihr. Inzwischen ist sie aber gestorben, glaube ich.« Diese Reaktion ist mir sehr vertraut. Die meisten Leute meinen, sie müssten zu erkennen geben, ob sie an so etwas glauben, was sie darüber denken oder ob sie selbst schon solche Dienste in Anspruch genommen haben.

»Sind Sie eher Wahrsager oder eher Medium?«, erkundigte sie sich.

»In den meisten Fällen bin ich als Medium gefragt, um den Kontakt zu Verstorbenen herzustellen, aber ich mache beides und beides gleich gern.«

Nach einem Schluck Wein erzählte Joan: »Mein Vater hatte es überhaupt nicht mit spirituellen Dingen, er war ein großer Atheist. Aber kurz vor seinem Tod hat er mir noch ein Versprechen gegeben. Sollte es doch ein Leben nach dem Tod geben, sagte er, würde er sich irgendwie bei mir bemerkbar machen.«

Ihr Mann verzog das Gesicht. Als Joan von einer Begegnung mit Ihrem Vater im Traum erzählte, lachte er und raunte ihr zu: »Ah, diese Spukgeschichten.« Dann ging er weg.

Sie blickte ihm nach, sah dann mich wieder an und lachte: »Er glaubt nicht an solche Sachen. Für ihn ist das alles Stuss.«

»Das geht vielen Männer so«, nickte ich.

»Ja, leider. In seinem Fall ist das besonders schade, weil er den Tod seiner Mutter nicht verwinden kann. Wenn er da etwas aufgeschlossener sein könnte, würde ihm das sicher guttun.«

Da konnte ich sie beruhigen: »Irgendwann wird er dazu bereit sein. Manche brauchen da ein bisschen länger.«

Noch während ich das sagte, spürte ich so etwas wie

eine schmerzhafte Verkrampfung in der Brust. Ich hatte sogar Mühe zu atmen. Es kam so plötzlich – stimmte da etwas nicht mit meinem Körper?

»Letztes Jahr ist sie an einem Herzinfarkt gestorben, er hatte nicht einmal Gelegenheit, sich von ihr zu verabschieden«, erzählte Joan weiter.

Hatte diese Empfindung in der Brust womöglich etwas mit dem Geist der Mutter zu tun? Mark kehrte mit seinem gefüllten Teller zu uns zurück – Selleriestangen mit Creme-Dressing, chinesische Teigtaschen und etwas Fleischaufschnitt. Er fing an, seine Leckereien geräuschvoll in sich hineinzumampfen.

Innerlich hörte ich eine Stimme sagen: »Man isst mit geschlossenem Mund, Mark!« Es war die etwas kratzige, raue Stimme einer Raucherin – ich wusste gleich, dass es sich um eine Geisterstimme handelte.

Joan wechselte jetzt das Thema und äußerte sich bewundernd über mein hochrotes Jackett: »Ich mag kräftige Farben, sie heben sich so schön ab.« Sie kicherte. Mark futterte behaglich und deutlich hörbar weiter.

»Wenn deine Mutter jetzt hier wäre, würdest du was über schmatzendes Essen zu hören bekommen, mit ihrer lauten, durchdringenden Stimme.«

Die Stimme, die ich eben erst gehört hatte, meldete sich erneut in meinem Kopf zu Wort. Ich sandte innerlich ein kleines Schutzgebet an meine Engel und bat um weitere Hinweise für den Fall, dass diese Frau mir tatsächlich etwas mitteilen wollte.

Innerlich sah ich eine unstete Lampe, deren Birnen ständig aus- und wieder angingen. Ich überlegte, was das bedeuten mochte. Jedenfalls wirkte es in mir nach, und so dachte ich mir, dass es wohl irgendwie mit dieser Situation zusammenhing.

»Mark hat es einfach nicht so mit diesem Zeug«, sagte Joan und streichelte ihm sanft die Wange. »Es macht ihm Angst, stimmt's, Süßer?« Sie zwinkerte mir zu.

»Es macht mir überhaupt keine Angst. Vor Alligatoren hätte ich Angst. Vor frei herumlaufenden Mördern. Bei Horrorfilmen gruselt es mich. Aber wenn Verrückte von Geistern und Engeln faseln – da kann ich nur lachen«, gab Mark zurück.

Im selben Moment begann das Licht zu flackern. Zwei Lampen beiderseits des Kamins setzten mehrmals aus. Andere Leute im Raum blickten ebenfalls dorthin.

»Oje, deine Mutter«, sagte Joan. »Sie lässt immer das Licht flackern, wenn ihr Geist umherwandert.«

»Joan, also wirklich!« Mark wurde jetzt etwas ungehalten.

Ich konnte nicht mehr an mich halten und rief: »Ich sehe Ihre Mutter bei Ihnen.«

Joan wollte eben das letzte Stück Karotte auf ihrem Teller in den Mund stecken und unterbrach sich in der Bewegung. Sie sah mich an, und blickte dann ihrem Mann in die Augen, wie um sich ein Bild von seiner Reaktion zu machen.

Dann schob sie die Karotte in den Mund, kaute und sagte: »Ui, das kann ja spannend werden.«

»Ach ja? Wie sieht sie denn aus?«, fragte Mark verdattert und blickte dabei auf das Tablett mit Häppchen, das gerade herumgereicht wurde.

»Ich sehe sie nicht so, wie man lebendige Menschen sieht.«

»Wer hätte das gedacht?«, bemerkte er ironisch und warf seiner Frau einen entsprechenden Blick zu. Sie hob eine Augenbraue, ihr Gesicht zeigte Missbilligung.

»Jetzt kommt der Name Martina.«

Er zuckte mit den Schultern.

»Mark«, sagte Joan, »deine Großmutter hieß Martina.«

»Da war sie bestimmt nicht die Einzige«, erwiderte er.

»Jetzt lass das mal sein, Mark. Hör ihm doch mal zu«, sagte Joan.

»Das ist doch alles Quatsch«, hielt er dagegen.

Ich wusste, das war jetzt der entscheidende Moment, in dem ich einen richtigen Treffer landen musste. Ein Name würde nicht genügen, ein Datum würde nicht genügen, es durfte nichts zu Allgemeines sein. Bei diesem Mann musste etwas Unwiderlegbares her, seine Mutter musste etwas klar Umrissenes liefern. »Also los, Evelyn«, flehte ich innerlich, »gib mir irgendwas an die Hand.« Nicht dass ich irgendetwas hätte beweisen müssen, aber ich wünschte mir für Mark etwas Überzeugendes, etwas, das ihn die Anwesenheit des Geists seiner Mutter erkennen ließ.

Und so gab ich den nächsten Eindruck, der sich einstellte, sofort ungeprüft weiter: »Sie kann kaum glauben, dass Joyce bei der Beerdigung war«, sagte ich und wartete mit angehaltenem Atem auf die Reaktion. Mir war nicht einmal richtig bewusst, dass ich sprach, ich merkte es erst, als der Satz bereits unterwegs war.

In Marks Gesicht tat sich etwas, die Farbe wechselte. Er war sichtlich nervös und leckte sich die Lippen, verblüfft, aber irgendwie auch erwartungsvoll.

»Und diese grässliche Bluse, die sie anhatte«, fuhr ich

fort, und wieder war es so, als würde ich etwas ausspre-
chen, das mir nicht bewusst war.

Mark lachte auf. »Das ist Mama«, sagte er etwas fassungslos. Dann lief er rot an, und Tränen sammelten sich
in seinen Augen. Er war erschüttert.

»Wow«, sagte seine Frau.

Ich hatte keine Ahnung, wovon ich da sprach, aber den
beiden sagte es offenbar etwas. Ich brauchte auch nichts
zu wissen, schließlich war es ja nicht für mich. Es war für
Mark. In solchen Augenblicken wird mir bewusst, dass es
mir als Medium gegeben ist, im Leben eines Menschen
von jetzt auf gleich drastische Veränderungen zu be-
wirken.

Mark klärte mich über den Zusammenhang auf: »Mamas Freundin Joyce kam zur Beerdigung. Sie waren gute
Freundinnen, aber zwei Jahre vor Mamas Tod haben sie
sich derart zerstritten, dass sie dann nicht mehr miteinander redeten. Aber bei der Beerdigung war Joyce da. Wir
haben uns noch darüber unterhalten, was Mama zu dieser schrecklichen Bluse gesagt hätte.«

Während er das erzählte, war zu beobachten, wie seine
Skepsis sich doch wieder durchsetzen wollte. Er sah Joan
an und fragte: »Hast du ihm was erzählt?«

»Natürlich nicht, du Spinner«, lachte sie.

»Donnerwetter, dann ist das wirklich ein Ding. Was Sie
gesagt haben, war alles richtig«, sagte er zu mir.

Nicht dass ich bei solchen Treffern wirklich überrascht
wäre, aber es verblüfft mich im ersten Moment doch,
wenn sich eine so verklemmte Situation urplötzlich löst.

»Geht es ihr gut da drüben?«, fragte er mit feuchten
Augen.

»Allerdings. Sie sagt eben, dass es im Himmel Schokolade und Schampus gibt.«

Versonnen und lächelnd kommentierte Mark: »Meine Mutter hat, soweit ich zurückdenken kann, jedes Abendessen mit Schokolade und Sekt abgeschlossen. Das bekommen sie wirklich da drüben?«

»Da kann man alles bekommen, was man möchte. Der Himmel ist das Paradies, da fehlt es an nichts, einfach weil der Himmel nicht nur eine Sphäre, sondern ein Bewusstseinszustand ist. Frieden und Liebe herrschen da, und alles ist vollkommen.«

Ich konnte Mark noch einiges mehr sagen, aber seine Mutter wollte eigentlich nur vermitteln, dass sie bei ihm war, dass er ihr fehlte, dass es ihr gut ging. Sie hatte sich nicht von ihm verabschieden können, und in ihren jetzigen Botschaften fand er Trost.

»Sagenhaft«, sagte er zuletzt und umarmte mich.

Ich hatte dergleichen schon oft erlebt, aber es ist immer wieder spannend und anrührend, die Verwandlung eines Skeptikers in einen Überzeugten zu verfolgen. Mark war erschüttert, sein ganzes Auftreten veränderte sich. Er wirkte entspannter und ruhiger, weniger unter Druck. Er atmete sogar spürbar tiefer als zuvor.

Die Party neigte sich dem Ende zu, und irgendwann tauchte Hannah wieder auf.

»Das war mal wieder richtig schön langweilig«, lachte sie. »Wie war es bei dir? Ich habe dich die ganze Zeit nicht gesehen.«

»Es lief mal wieder auf ein Reading hinaus.«

Sie lachte. »Na klar, was denn sonst?«

Wir wandten uns zum Gehen. Ich wusste, weshalb

mich der Geist dorthin geschickt hatte. Sicher nicht wegen der Konversation, der lauten Musik, den kleinen Leckereien oder der Schlange vor der Toilettentür. Hannah war auch nicht der Grund. Der Geist wollte, dass ich diesen Mann dort traf.

»Das Essen war nicht schlecht«, sagte ich, als wir im Wagen saßen und uns anschnallten. »Hast du auch was gehabt?«

»Nur ein bisschen Schokolade und Sekt.« Ich musste grinsen. Es war wie ein Nachschlag, mit dem Marks Mutter sicherstellen wollte, dass ich mir den Fall einprägte. Schmunzelnd versprach ich es ihr.

Die Welt der Geister ist voller Überraschungen, und das bewundere ich an ihr ganz besonders. Wenn die Leute durch das Auftreten eines Geistes oder durch Mitteilungen von der anderen Seite völlig aus dem Konzept gebracht werden, kann das ein durchschlagendes, den Blick klärendes Erlebnis sein. Mark rechnete ganz sicher nicht damit, etwas von seiner verstorbenen Mutter zu hören, und was dann herüberkam, war für ihn zunächst einfach nur bestürzend.

Manchmal bekommen die besonders skeptischen Leute auch besonders durchschlagende und anrührende Botschaften. Das scheint in der Welt der Geister eine Art automatischer Druckausgleich zu sein, der für optimale Wirkung sorgt und überall dort seine klärende Wirkung entfaltet, wo sie besonders dringend benötigt wird.

Verstorbene geliebte Menschen haben keinesfalls im Sinn, uns von der anderen Seite her zu gängeln. Sie sind vorwiegend mit ihrer eigenen spirituellen Entwicklung befasst, und die besteht aus höheren Lerninhalten, die nur unser höheres Ich wirklich erfassen kann. Dennoch geben sie uns Lebenden auch Orientierung und Anleitung, und das können sie, weil sie drüben zu höheren Erkenntnissen und tieferen Einsichten Zugang haben als wir. Sie kümmern sich, sie weisen uns den Weg, weil sie uns lieben und sich für uns das bestmögliche Leben wünschen.

O Fortuna

Glücksspiel – die sicherste Art, nichts für etwas zu bekommen.

WILSON MIZNER

Spielcasinos sind für einen Hellseher interessante Spiel-
plätze. Ich bekomme da natürlich immer Witze und
Sprüche zu hören, die sich um die Frage drehen, weshalb
ich nicht in der Lage bin, dort einfach mal abzuräumen.
Wenn ich es wirklich draufhätte, müsste ich doch zumindest sehen können, ob die Roulettekugel auf Rot oder auf
Schwarz zum Liegen kommt. Weshalb hört man nichts
von Wahrsagern, die den Jackpot knacken? Aber so läuft
das nun mal nicht. Was ich von drüben an Informationen
erhalte, kommt in allerlei größeren und kleineren Bro-
cken. Etwas blitzt da auf, etwas huscht als flüchtiger Eindruck vorbei, aber die Dinge kommen nicht so zusam-
menhängend daher wie in einem Buch, und es wird kaum
gelingen, bestimmte Zahlen aufzuschnappen. Dass ich
mit Verstorbenen kommunizieren kann, ist dem Segen
einer höheren Quelle zu verdanken und ganz bestimmt

nicht dazu da, persönlichen Vorteil daraus zu schlagen. Wenn man das versucht, wird das Ganze sehr gezwungen, und die Energie leidet darunter.

Vor ungefähr zwei Jahren lud uns der Cousin meines Vaters zu einem Familientreffen im Casino Mohegan Sun in Connecticut ein. Er hatte es von der Örtlichkeit her so eingerichtet, dass die meisten Familienmitglieder ungefähr gleich weite Wege zurückzulegen hatten. In meiner Familie herrscht ein großer Zusammenhalt, wenn ich auch zur väterlichen Seite keine so engen Beziehungen habe. Die Angehörigen dieses Teils meiner Familie leben in einem anderen Bundesstaat, und auch mein Vater stand ihnen nie sonderlich nahe. Er hat keine Geschwister, und als sein Vater starb, blieb von der Familiendynamik nicht viel übrig. Mit seinen Cousins und Cousinen hatte mein Vater dagegen immer viel Kontakt. Sie waren alle ungefähr gleichaltrig und spielten gern miteinander. Wir sehen uns nicht gerade oft, aber doch immer wieder mal.

Da es lange keine Zusammenkünfte mehr gegeben hatte, sagten meine Schwester Kelly und ich spontan zu. Kelly weiß um meine übersinnlichen Begabungen und spricht auch freimütig darüber, während meine andere Schwester, Kara, eher skeptisch ist und etwas erst glaubt, wenn sie handfeste Beweise dafür hat.

Wir trafen unsere Cousins im Casino und saßen erst einmal zusammen, um uns zu unterhalten. Während wir noch sprachen, tauchte an einem der anderen Tische ein Geist auf. Zuerst dachte ich, es sei ein lebendiger Mensch, aber irgendetwas fühlte sich seltsam an, und als ich näher hinsah, erkannte ich am Gesicht der Frau, dass es sich um eine Verstorbene handelte. Bei flüchtigem Hinsehen ist das manchmal schwer zu unterscheiden, aber aus dem Gesicht dieser Frau war die Farbe fast ganz gewichen. Sie sah mich erwartungsvoll an. Mit ihrem kurz geschnittenen grauen Haar schätzte ich sie auf gut siebzig Jahre. Sie trug ein Baumwolloberteil und eine Khakihose. Ihr Gesicht wirkte glatt und ein wenig faltig, ihre kristallblauen Augen hatten etwas Tiefes und Kraftvolles. Ihrer einigermaßen zeitgemäßen Kleidung entnahm ich, dass sie noch nicht lange tot war. Geister können natürlich selbst die Form wählen, in der sie mir erscheinen, und manche ändern ihr Aussehen bewusst. Sie winkte mir und nickte, offenbar wusste sie um meine Verbindungen zur anderen Seite. Sie sah mich unverwandt an. Der Umriss ihres Gesichts und des ganzen Körpers wirkte leicht verschwommen – auch das ein Zeichen, dass sie ein Geist war.

»Du siehst einen Geist, ich sehe es dir an«, sagte Kelly, ihre Augen folgten meinem Blick.

»Was?« Ich stellte mich ahnungslos, mir war gerade nicht nach Erläuterungen.

»Du siehst irgendeinen Verstorbenen. Wer denn? Sag schon.« Sie zupfte mich am Ärmel.

»Ich sehe niemanden«, wehrte ich lachend ab. Ich mochte mich nicht darauf einlassen. Ich wollte einfach gemütlich mit meiner Familie dort sitzen und plaudern. Würde ich auf Kellys Fragen eingehen, konnte ich mit lauter weiteren Fragen rechnen. Ich wollte an diesem Tag keine Verbindungen nach drüben, es war mein freier Tag, und ich wollte einfach meine Ruhe haben. Auf eine gewisse Weise liebe ich den Umgang mit Verstorbenen zwar, aber manchmal sind sie übereifrig und wollen mich unbedingt für ihre Mitteilungen einspannen. Oft ist es dann auch so, dass sie mich schließlich doch noch in Ruhe lassen.

»Mir machst du nichts vor, Tom, ich kenne dich seit zweiundzwanzig Jahren«, beharrte meine Schwester lachend.

Ich schüttelte den Kopf, aber ihrem langen, eindringlichen Blick nach wusste sie, dass ich ihr etwas vorenthielt.

»Wenn du Tote siehst, erkenne ich das an deinem Blick und diesen großen Augen. Also, wer ist es?«

»Na schön«, seufzte ich, »ich habe eben den Geist einer Frau gesehen, aber ich weiß nicht, wer sie ist oder zu wem sie gehört, ich kann eigentlich mit diesem Eindruck nichts anfangen. Ja, da drüben hat sie gesessen.«

»Hab ich's doch gewusst«, lachte sie und folgte wieder meinem Blick.

»Ich weiß nicht, wohin sie gehört«, wiederholte ich. Manchmal taucht einfach ein Geist auf, und ich achte nicht weiter darauf. An einem normalen Tag können schon ein paar solcher Fälle zusammenkommen.

Meine Cousins, die ich zum Teil nur flüchtig kannte, fingen an, Geschichten über Schwangerschaften und bevorstehende Geburten, Prüfungen und dergleichen auszutauschen. Unterdessen trieb sich dieser Geist ständig in der Nähe herum und winkte mir immer wieder mal zu. Einmal setzte sich die Frau sogar an den Nebentisch.

»Wer bist du?«, fragte ich sie telepathisch.

»Ich komme erst später dran. Du wirst meinen Mann kennenlernen. Er braucht Hilfe«, ließ sie mich auf die gleiche Weise wissen. Sie lächelte mir geradezu liebevoll zu.

»Warum bist du jetzt hier?«

»Ich bin zu früh dran – nur ja nicht zu spät kommen«, lachte sie. Dabei veränderte ihr Gesicht seine Form, es wurde länger und schmaler als ein Menschengesicht. »Ich war schon im Leben immer zu früh dran, und das ist so geblieben, auch wenn ich jetzt tot bin.« Sie kicherte, das Ganze machte ihr offenbar Spaß.

Ich sah sie so klar und deutlich vor mir wie einen realen Menschen, wusste aber zugleich, dass niemand außer mir sie sah. Wäre da nicht dieser verwaschene Umriss gewesen, hätte sie eine ganz normale lebendige Frau sein können.

Für einen Moment vergaß ich, dass sie ein Geist war, und sprach sie an wie einen lebenden Menschen: »Wie heißt du?« Dann wurde mir aber sofort bewusst, dass zwei Leute an unserem Tisch mich in die Luft reden sahen.

»Mit wem redest du da?«, fragte eine meiner Cousinen und sah sich um.

»Ach, nichts«, beeilte ich mich zu erklären, »ich dachte, ich hätte jemanden gesehen.«

Sie sah mich an und runzelte die Stirn. »Komisch«, sagte sie.

Nachdem wir beim Essen alle Neuigkeiten ausgetauscht hatten, schwärmten wir zum Glücksspiel aus. Meine Schwester geht gern an die Automaten, während ich mich an die Blackjack-Tische halte. Bevor Kelly und ich uns trennten, verabredeten wir, dass wir uns nach einer Stunde wieder treffen würden. Wir sind eigentlich keine richtigen Spieler und wollten nicht viel Geld verschwenden.

Wenn ich mir einen Tisch aussuche, taste ich erst

einmal innerlich ab, welcher sich gut anfühlt. Es lässt sich nicht erklären, das Gefühl ist einfach da, ich weiß nicht einmal, ob es sich um ganz gewöhnlichen Aberglauben handelt oder meine übernatürlichen Kräfte im Spiel sind. Im Übrigen spiele ich so selten, dass ich nicht einmal weiß, ob meine Hellsehergabe dabei nützlich sein könnte.

An dem Tisch, auf den meine Wahl fiel, saßen außer dem Croupier nur zwei Männer. Der eine war ein junger Kerl, ein bisschen hip, mit dunklem, nach hinten gegeltem Haar. Nach dem, was er an Chips vor sich liegen hatte, konnte man davon ausgehen, dass er sich bisher gut geschlagen hatte. Der andere war um einiges älter, was auch an seinem schütteren grauen Haar zu erkennen war. Er rauchte ununterbrochen, trug eine hellbraune Jacke über einem weißen Hemd und wirkte eher still. Ein Bügel seiner Brille war mit Pflaster repariert. Als Intuitiver und Feinfühliger nehme ich die Energie der Menschen wahr und spüre, wie sie sich geistig, seelisch und körperlich fühlen. Als ich zu diesem Mann auf diese Weise Kontakt aufnahm, waren Traurigkeit und Schwermut zu spüren.

Ich warf einen Blick auf seine Karten, die auch er anstarrte. Er hatte ein Ass und eine 6, zusammen 17 Punkte, eine sogenannte *Soft Hand* wegen der flexiblen Bewertung des Asses. »Keine Karte«, murmelte er. Das war ein Fehler, er hätte gefahrlos eine weitere Karte anfordern können. Auch der hinter ihm stehende Geist dieser Frau schüttelte den Kopf. Der Croupier hatte 12, zog eine 7 und gewann. Der Mann griff sich fassungslos an den Kopf, dann trank er seinen Cocktail aus. Sogar dem Croupier schien die Sache ein bisschen wehzutun.

Ich sah den Geist der Frau so deutlich wie all die vielen Glücksuchenden in diesem Casino. Es kann auch sein, dass ich einfach goldenes Licht sehe, feine goldene Strahlen. Manchmal sehe ich den Geist auch gar nicht, sondern empfange nur eine Empfindung, ein Gefühl, eine emotionale Kommunikation. Nehme ich dann den Kontakt auf, kommen erste Eindrücke von Mitteilungen, die der Geist machen möchte, oder von bestimmten Persönlichkeitszügen.

Zum Geist dieser Frau wollte ich nicht hörbar sprechen, dass hätte sicherlich alle Anwesenden ziemlich beunruhigt, falls man mich nicht des Casinos verwiesen hätte, weil eine drahtlose Verbindung zu Spionagezwecken zu vermuten war. Nun stand sie aber da, und ich musste irgendwie herausfinden, was sie wollte. Wenn ich mich mit ihr austauschen konnte, war zumindest für meine Unterhaltung an diesem Abend gesorgt.

Ich kann mich stimmlich, aber auch telepathisch mit Geistern verständigen, da besteht kein großer Unterschied. In diesem Fall wollte ich lieber nicht hörbar sprechen; es hätte nach Selbstgespräch ausgesehen, und man hätte mich wohl für verrückt gehalten. Während ich noch solchen Gedanken nachging, wurde plötzlich ihre Stimme in mir laut und unterbrach mich.

»Sitzt du hier einfach nur rum, oder kannst du vielleicht auch mal was tun?«, fragte sie mich.

»Was soll ich denn tun?«, erkundigte ich mich innerlich und wartete ab. Als Hellseher und Medium folge ich der Regel, mich nicht in die Belange anderer einzumischen, solange ich nicht explizit dazu aufgefordert werde.

»Ich muss ihn irgendwie erreichen. Das hier muss einfach aufhören.«

Plötzlich hatte ich den Eindruck, sie sei die Frau dieses Mannes, der gerade verloren hatte. Das hatte ich bis dahin noch nicht gewusst. Ich wusste nur, dass sie mir nachging und irgendetwas mit ihm zu tun hatte, sie schwebte über ihm. Jetzt fiel mir sein Ehering auf. Innerlich sah ich eine viele Jahre zurückliegende Trauung, sie und er auf ihrem Weg über den Mittelgang einer Kirche, eine feierliche Zeremonie.

Dann hörte ich innerlich: »Ich habe dich an diesen Tisch geführt, damit du gewinnen kannst und er endlich aufhört. Er hat einfach nicht das entsprechende Geld.«

Es wurden wieder Karten ausgeteilt. Der Croupier verlor und der ältere Mann ebenfalls. Ich dagegen bekam ein Ass und dann eine 10 und hatte gewonnen.

Der Mann schüttelte den Kopf.

Man musste kein Hellseher sein, um zu erkennen, dass dieser Mann überhaupt kein Händchen für Kartenspiele hatte, dass er viel zu viel trank und sehr unglücklich war. Selbst die Farben seiner Kleidung hatten etwas Deprimierendes, alles grau und braun und dazu auch noch abgetragen.

Wenn ich die Verbindung zu einem Geist einmal hergestellt habe, fluten Mitteilungen und Eindrücke herein, und ich kann dieses Geschehen nicht mehr steuern. Es gehört einfach dazu, die Geister wählen diesen Weg, um mich als Sprachrohr zu benutzen. Wörter, Bilder und konkrete Aussagen stürmten auf mich ein, begleitet von allerlei Körperempfindungen. Ein Satz lautete: »Verkauf das Haus nicht!« Ich wusste nicht, was das bedeutete, und hier am

Spieltisch mit dem Croupier und dem ein Spiel nach dem anderen verlierenden Mann fühlte ich mich auch nicht berufen, entsprechend lautstark dazwischenzurufen. Ganz davon abgesehen, dass ich auch gar nicht in der Stimmung war. Es war mir überhaupt nicht recht, dass diese Tote mir nachstellte. Ich wollte einfach meinen Spaß haben an diesem freien Tag mit Angehörigen und Freunden.

Andererseits hatte ich das Gefühl, diesem Mann irgendwie helfen zu müssen. Also rief ich innerlich die Geister an: »Wenn es nicht gut für diesen Mann ist, hier weiterhin zu sitzen und zu spielen, dann sorgt bitte dafür, dass er geht.«

»Ich höre das«, flüsterte mir der Geist der Frau zu. Ich hörte ihre Worte innerlich.

Wieder ein Spiel. Er verlor. Obwohl er noch ein paar Chips hatte, stand er auf, nickte und wandte sich ab. Der Croupier nickte zurück und sagte leise: »Schön. Viel Glück.«

Ich machte noch ein paar Spiele, gewann zwei, verlor eins, und beschloss, dann ebenfalls aufzuhören. Der Geist der Frau war noch bei mir, und ich bekam den Eindruck, dass ich eine Mitteilung an ihren Mann weiterzugeben hatte.

»Such ihn«, sagte sie.

»Ja, gut. Sprechen wir mit ihm.«

Er hatte den Spieltisch erst vor ein paar Minuten verlassen, war aber nirgendwo zu sehen. Ich ging davon aus, dass er jetzt an den Automaten war, da er hier am Tisch eine Menge verloren hatte. Also ging ich an den langen Reihen von kunterbunten Automaten mit ihren wirbelnden Zahlen und Symbolen vorbei, Gang für Gang, und sah alle möglichen Menschen. Eine Frau hatte gerade den Jackpot geknackt, drückte ihre Zigarette aus und schrie der Frau neben ihr begeistert zu: »Janice, ich hab's, es hat geklappt, das letzte Rad hat genau an der richtigen Stelle angehalten!«

Wo viel los ist, da finden sich immer auch Geister ein. Beerdigungsunternehmen, Krankenhäuser, Flughäfen, Casinos – das sind energetische Hotspots, an denen sich manche Geister gern herumtreiben. Weshalb Spielcasinos so »spirituell aktiv« sind, weiß ich nicht. Vielleicht sind es einfach die vielen Leute. Vielleicht haben es Verstorbene auch noch mit dem Gewinnen.

Ich bog in den letzten Automatengang ein, und da saß der Mann. Ich stellte mich hinter ihn und verfolgte ein paar Spiele. Keine Treffer. Wenn ich ihn jetzt nicht ansprach, würde ich vielleicht keine weitere Gelegenheit mehr bekommen.

»Entschuldigen Sie«, sagte ich.

Er drehte sich um und sah mich an, um sich dann wieder dem Automaten zuzuwenden.

»Entschuldigen Sie«, wiederholte ich.

»Sprechen Sie mit mir? Oh, tut mir leid, das war mir nicht klar.« Jetzt wandte er sich mir zu.

»Ja, Sie meine ich«, sagte ich. »Ich habe eine Bitte, die Ihnen vielleicht ein bisschen seltsam vorkommen wird. Eigentlich handelt es sich nicht um eine Bitte, aber es ist etwas passiert, und ich würde gern mit Ihnen darüber sprechen.«

Er machte große Augen und musterte mich von seinem Sitzplatz aus. »Was ist denn los? Stimmt etwas nicht?« Er stand auf und sah sich um.

»Nein, es ist alles in Ordnung«, beruhigte ich ihn. »Bleiben Sie doch sitzen.«

Er setzte sich wieder und sah mich von unten an.

»Wissen Sie, was ein Medium ist?«, fragte ich.

»Ähm, so was wie diese Leute, die manchmal im Fernsehen auftreten?«

»Ja, etwas in der Art.«

»Ich habe ein paar gesehen«, erinnerte er sich, »aber ich gebe nicht viel darauf. Man weiß ja nie, wie das im Fernsehen vielleicht manipuliert wird.«

Ich nickte lächelnd. »Also, ich bin solch ein Medium und habe eben, als Sie beim Blackjack saßen, eine Nachricht für Sie empfangen. Ich wollte da noch nichts sagen, um Sie nicht zu beunruhigen, und dann sind Sie weggegangen. Deshalb habe ich Sie gesucht.«

Er nickte. »Ja, ich will mir das gern anhören. Ich glaube, dass es so etwas gibt; ich habe es nur noch nie selbst erlebt.« Er nahm die Brille ab und fingerte nervös an ihr herum. Dann lachte er und sagte: »Vielleicht können Sie mir ja erzählen, welcher Tisch der beste ist.«

Ich hatte natürlich eine Antwort, die ich aber nicht aussprach: »Gar kein Tisch, das ist der beste Tisch.«

Ich atmete tief durch. Ich spürte den Geist der Frau um mich. Ich empfing auch visuelle Eindrücke von ihr. Also los.

»Ich spüre, dass Ihre Frau jetzt und hier anwesend ist«, sagte ich etwas bang – es besteht immer die Möglichkeit, dass ich mich irre.

Er sah mich lange an. Dann lief ihm eine Träne übers Gesicht. »Woher wissen Sie, dass ich eine Frau habe, die gestorben ist?«

»So ganz sicher bin ich ehrlich gesagt nicht«, erwiderte ich. »Sie hat sich mir erstmals gezeigt, seit ich hier im Casino bin, jedenfalls fühle ich mich verpflichtet, es Ihnen mitzuteilen. Ich bin wie gesagt ein Medium und kann manchmal bestimmte Dinge an Menschen wahrnehmen. Ich habe das nicht selbst in der Hand.«

»Meine Frau hieß Nancy«, sagte er und fügte lachend hinzu: »Sie hat es gehasst, wenn ich zum Spielen ging.«

Innerlich sah ich einen weißen Hund und bekam dazu die Mitteilung, er sei tot und jetzt beim Geist der Frau. Das wollte ich ihn gern wissen lassen, damit er sicher sein konnte, dass ich wirklich zu seiner Frau Kontakt hatte und nicht aufs Geratewohl darauf tippte, dass einem gut siebzigjährigen Mann die Frau gestorben sein könnte.

Also fragte ich ihn: »Kann es sein, dass da drüben ein kleiner weißer Hund bei ihr ist? Ich sehe sie nämlich mit einem weißen Hund. Er ist klein, vielleicht ein Pudel, aber sehr klein.«

»Wow, ja, unser Zwergpudel Misty. Sie ist ein, zwei Wochen nach meiner Frau gestorben. Ich glaube, sie hat es ohne Nancy einfach nicht mehr ausgehalten. Die beiden hatten eine sehr starke Verbindung zueinander.«

Den Namen hatte ich am Spieltisch bereits empfangen, wollte ihn aber nicht gleich mitteilen, sondern erst einmal sehen, was noch kommen würde.

»Sie sagt, Sie sollen nicht spielen. Sie macht sich Sorgen wegen des Hauses. Sie sagt, Sie sollen es jetzt noch nicht verkaufen. Verkaufen Sie das Haus nicht, es ist alles, was Sie haben.« Ich gab an ihn weiter, was ich früher bereits gehört hatte.

Sein Gesicht spiegelte sein Erstaunen, der Mund öffnete sich ein wenig. Ich blieb bei ihm stehen und wartete ab, wie er schließlich reagieren würde.

Er schüttelte den Kopf, und wieder traten ihm Tränen in die Augen.

»Ich weiß nicht, was ich sagen soll. Ich bin völlig platt.«

Wir standen ungefähr eine Minute schweigend da – eine lange Zeit, wenn man jemanden nicht kennt.

»Ich habe eine ausgewachsene Spielsucht«, gab er schließlich preis.

»Ja, verstehe.«

»Ich habe schon daran gedacht, unser gemeinsames Haus zu verkaufen, um mit dem Geld weiterspielen zu können. Sie findet das nicht so gut, hm?«

»Sieht so aus.«

Wir standen wieder eine Weile schweigend da. Ich sah ihm an, wie angestrengt er das alles zu verarbeiten versuchte.

»Wissen Sie«, sagte ich schließlich, »es gibt ja Hilfen für solche Sachen. Sie könnten wirklich versuchen, von diesen Glücksspielen wegzukommen.«

»Ja, das würde ich sehr gern«, antwortete er sehr leise.

»Ihre Frau sagt auch, dass Sie sich nicht mehr übel nehmen dürfen, wie schlecht Sie sie manchmal behandelt haben. Das bedrückt sie jetzt nicht mehr. Sie hat gehört, was Sie ihr ganz am Schluss noch ins Ohr geflüstert haben.«

Sein bestürzter Blick sagte alles. Ja, gab er zu, er trage schwer daran, dass er sie am Ende ihres Lebens, als sie krank wurde, nicht besser behandelt habe.

»Ich kam einfach nicht damit zurecht, es hat mich sehr mitgenommen – ich hätte mich nicht so verhalten dürfen.«

»Ich soll Ihnen ausrichten, dass da nichts mehr zu be-
dauern ist.«

»Sagen Sie ihr …« Er war tief erschüttert und weinte.
»Sagen Sie ihr, dass ich sie liebe.«

»Auch Sie sollen wissen, sagt Ihre Frau, dass Sie von ihr
ohne Wenn und Aber geliebt werden.«

Wieder tauchte ein Bild in mir auf, ein kleiner Weiden-
oder Strohkorb mit einer Handvoll Fotos. »Was ist mit
den Bildern im Korb?«, fragte ich.

»Ach, die habe ich mir neulich abends erst angesehen.
Ja, ich hebe sie in einem Korb auf.« Er war sehr bewegt.

»So zeigt Ihre Frau Ihnen, dass sie in der Nähe ist.«

Viele Verstorbene möchten auch über ihr Ende sprechen. Sie möchten ansprechen, was ganz am Ende alles
war und wie sie dann auf die andere Seite gelangt sind.
Der Geist dieser Frau zeigte mir jetzt eine Krankenhaus-
szene, in der ich auch den Mann, der jetzt neben mir
stand, an ihrem Bett sah. Nancy sagte, seine Entscheidung,
alle lebensverlängernden Maßnahmen einzustellen, sei
richtig gewesen.

Während er noch beschäftigt war, diese Botschaften in
sich aufzunehmen, begann der Geist schon, ein wenig
undeutlich zu werden. Sie wirkte erleichtert und leichter.
All das Schwere ringsum und in diesem Mann hob sich
ein wenig. Ein Schauer lief mir über den Rücken, und innerlich hörte ich die Frau »Danke« sagen.

»Danke«, sagte auch der Mann, der vor mir stand.
»Danke von ganzem Herzen.«

Ich spürte nach, ob Nancy noch etwas zu sagen hatte,
aber ihr Geist war nicht mehr da. Sie wusste wohl, dass
ihre Botschaften angekommen waren und es im Moment

nichts weiter zu sagen gab. Sie hatte gesagt, was sie sagen musste.

Wenn wir in die geistige Welt hinüberwechseln, verabschieden wir uns damit nicht ganz von der Welt unserer Lieben. Von Zeit zu Zeit melden sich die Geister von drüben, weil sie den Eindruck haben, dass sie jemandem helfen können, der ihnen während ihres Erdenlebens viel bedeutet hat. Das ist aber nicht ständig der Fall. Die Geister schalten sich nur ein, wenn sie das Gefühl haben, dass sie wirklich etwas zur Verbesserung der Lage beisteuern oder irgendetwas Wichtiges mitteilen können. Unsere Verstorbenen sind immer um uns, und sie teilen sich mit, wenn Sie das Gefühl haben, dass wir offen dafür sind. Es ist sogar so, dass sie überall und jederzeit mit uns in Verbindung treten können, bei der Arbeit ebenso wie in der U-Bahn oder im Spielcasino. In körperlicher Form befinden wir uns zwar auf einer anderen Ebene, aber Verbindungswege gibt es trotzdem.

Ich bin Nancys Geist nie wieder begegnet und habe auch Edward, ihren Mann, nie wieder gesehen.

Ungefähr ein Jahr später war ich wieder einmal in dieser Gegend, um an einer Tagung teilzunehmen. Vor meiner Präsentation saß ich in einem Coffeeshop und las die Zeitung. Ich schlug sie irgendwo auf, und als Erstes fiel mein Blick auf Edwards Todesanzeige. Es war ein Foto abgedruckt, auf dem ich ihn sofort erkannte. »Edward Yin, geliebter Ehemann, Vater und Großvater, ist am Mittwoch, dem … von uns gegangen.« So begann der Text. Der Nachruf erwähnte sogar die Casinos, die Edward so gern besucht hatte. Plötzlich kam mir ein Bild von Edward und Nancy, wie sie einander in einer Wolke von goldenem

Licht umarmten. Die beiden waren wieder glücklich ver-
eint, und die Traurigkeit, die ihn immer begleitet hatte,
war von ihm genommen.

Nancys Intervention scheint erfolgreich gewesen zu
sein.

Das blaue Tagebuch

»Der perfekte Mord«, das war ein altes Spiel im Himmel.
Für mich war es immer der Eiszapfen. Er schmilzt nach der Tat
und ist weg.

ALICE SEBOLD

Ich spürte sofort den Todeshauch, als ich John Feikelsons
Haus betrat. Etwas Modrig-Feuchtes hüllte mich schon
am Eingang des renovierten viktorianischen Hauses ein.
Installation und sanitäre Einrichtungen waren auf neues-
tem Stand, auch das dunkle Mobiliar war modern, aber
das Haus selbst strahlte noch ein wenig den Charme ver-
gangener Zeiten aus. Zugleich lag etwas geradezu Gruse-
liges in der Luft, und nicht etwa weil es in diesem alten
Gemäuer spukte, sondern weil hier jemand gestorben
war. Es handelte sich um Johns Frau Sally, Kopfschuss,
allem Anschein nach Selbstmord.

John war ein durchaus ansehnlicher Mann, fünfzig
Jahre alt und gut in Form, seine kräftigen Oberarme füllten die Ärmel seines schwarzen T-Shirts aus, der Drei-
tagebart zeigte Braun- und Grautöne. Er hatte dunkle
Augenringe, und das konnte bei einem so kräftigen Mann

nur bedeuten, dass er müde, durcheinander und stark angegriffen war. Die Augen waren gerötet, das Gesicht insgesamt faltiger, als es mir von dem Foto, das ich vor meinem Besuch bekommen hatte, in Erinnerung war. Er war groß gewachsen, aber etwas an ihm wirkte sehr klein, gestresst und traurig, beinahe ein wenig hinfällig. Er bot das Bild eines tief bekümmerten, gebrochenen Mannes.

Durch einen Freund hatte er von mir erfahren. John bezeichnete sich selbst als Skeptiker, hatte sich aber trotzdem an mich gewandt, als der Tod seiner Frau einen Monat zurücklag. Der Gerichtsmediziner hatte Suizid attestiert. Fertig. Fall abgeschlossen. Da gab es nichts mehr zu besprechen. John dagegen war sicher, dass es sich um Mord handelte. Er konnte diesem Verdacht jedoch zunächst nicht nachgehen. In dieser ersten Zeit – mit der Beerdigung, den polizeilichen Prozeduren und den Kindern, die mit dem Tod der Mutter überhaupt nicht zurechtkamen, es aber auf sich nahmen, ihre Sachen durchzusehen und sie gegebenenfalls zu verkaufen – hatte er alles vergessen. Jetzt war er so weit, dass er die Sache irgendwie zu einem Ende bringen wollte. Er hatte vor, das Haus zu verkaufen, aber vorher musste er einfach noch herausfinden, was wirklich passiert war. Er musste die Zusammenhänge ergründen und in Erfahrung bringen, wer seine Frau getötet hatte.

»Wenn ich mich an jemanden wie Sie wende«, offenbarte er mir bald nach meiner Ankunft, »ist das schon eine Art Verzweiflungstat. Andererseits spüre ich auch ganz in der Tiefe, dass es ein Leben nach dem Tod gibt. Und wenn das so ist und meine Frau sich irgendwo da drüben aufhält, wird sie sich doch wohl melden und uns sagen, was passiert ist. Ich muss unbedingt die ganze Wahrheit wissen.«

Der Tod eines geliebten Menschen ist für uns eine schwierige Sache. Wir vermissen diesen lebendigen Menschen und einfach alles, was uns mit ihm verbunden hat – und kein Medium kann diese »reale« Form der Verbundenheit so wiederherstellen. Wir können diesen geliebten Menschen nicht mehr umarmen oder einfach rufen, wir können nicht mehr mit ihm oder ihr verreisen. Der Kontakt über ein Medium ist zwar auch ganz real, aber doch von völlig anderer Art. Und in den allermeisten Fällen geht es darum, irgendeinen Abschluss zu finden – wie jetzt auch bei John. Wir haben Fragen und möchten Antworten bekommen. Wir wüssten gern, wie genau es dem Verstorbenen in den letzten Minuten seines irdischen Lebens ergangen ist. Hier kann ein Medium dazu beitragen, die eventuellen Leerstellen zu füllen.

Für John genügte der Kontakt als solcher nicht, es ging ihm nicht um den Austausch von Grüßen oder Geburtstagsglückwünschen. Er brauchte echte Antworten. Er musste wissen, was passiert war und wie er bei seinen Recherchen weiter vorgehen konnte. Wollte seine Frau wirklich sterben, oder gab es da jemanden, der ihr Leben ausgelöscht hatte?

Allem Anschein nach hatte John ein wunderbares Leben. Er war ein Anwalt, der sich unerschrocken für die Opfer ärztlicher Kunstfehler einsetzte. Er war sehr wohlhabend, und die Familie mit drei Kindern hatte auf einem der prächtigsten Anwesen von Cambridge gelebt. Und nicht nur seine beruflichen Leistungen sprachen für ihn; er setzte sich außerdem beherzt für soziale Belange ein und hatte Millionen für die Unterstützung Bedürftiger gespendet. Nein, das war keine Familie, bei der man mit Mord und Selbstmord rechnen würde.

»Was auch dabei herauskommen mag, ich will es wissen«, sagte er zu mir. »Erzählen Sie mir alles, was Sie in Erfahrung bringen können, wirklich alles. Ich weiß sonst nicht, wie ich weitermachen soll. Es ist die Frau, die ich liebe und wirklich gut kenne.«

»Ich tue mein Bestes«, gab ich zurück.

Wir standen in der Küche, und eine Weile herrschte Schweigen zwischen uns. Auf der Arbeitsplatte stand eine halb leere Wasserflasche, daneben lag eine Armbanduhr, das Armband ausgebreitet. Sie stand. Neben dem Telefon befand sich ein Tagesabreißkalender, der ein weit zurückliegendes Datum anzeigte. Alles wirkte sehr still, nicht unbedingt düster – aber still. John erklärte, er habe sich nach dem Tod seiner Frau hier kaum noch aufgehalten.

»Hier hat sie es gemacht oder soll sie es angeblich getan haben«, sagte John und blickte an die Wand hinter mir. Den Boden, wo seine tote Frau gelegen hatte, schien er zu meiden.

John und Sally hatten sich beim Studium kennengelernt, wo sie einst den gleichen Kurs belegt hatten. Aus anfänglichen Flirts entwickelte sich eine Freundschaft, und daraus wurde schließlich Liebe. Nach dem College-abschluss bat er sie um ihre Hand. Aus der Ehe gingen drei wunderbare Kinder hervor, die es mit den Jahren alle zu etwas brachten. Die Tochter studierte Medizin, der jüngere Sohn wollte Rechtsanwalt werden, und der ältere hatte bereits mit dem Graduiertenstudium im Fach

Physik begonnen. Zusammen bildeten sie eine glückliche Familie. Sie hatten fleißig gearbeitet, die Sommerferien genossen und waren einander wirklich nah gewesen. Sie konnten sich an Ausflüge nach Cape Cod, an Lagerfeuer in den Bergen, an gemeinsame Sonntagsessen erinnern, auf die niemand freiwillig verzichtet hätte. John und Sally zelebrierten ihre Ehe mit Reisen und sehr viel gemeinsam verbrachter Zeit.

John sagte mit gesenktem Blick: »Ich wusste einfach, dass sie ihr Leben niemals selbst beenden würde. Es gab keinen Grund, solch eine Annahme ist total absurd, schwachsinnig. Sie liebte das Leben. Sie hat an einem Buch gearbeitet. Wir hatten gerade eine Italienreise gebucht. Es gab so vieles, worauf sie sich freute.«

Ich schloss die Augen, dann sah ich mich um und holte tief Luft.

»Ich muss vielleicht ein paar Tage hierbleiben«, teilte ich John mit. »Ich möchte versuchen, ein klares Gefühl für die ganze Sache zu bekommen, und dazu muss ich mich hier aufhalten und zusehen, was ich hier spüren kann. Das geht nicht so schnell, es braucht seine Zeit.«

»Sie können bleiben, so lange Sie wollen. Wichtig ist nur, dass wir die Wahrheit ans Licht bringen. Sie können im Haus bleiben, oder wir bringen Sie im Hotel unter. Erst einmal lasse ich Sie jetzt allein, damit Sie sich konzentrieren können.« Er verließ die Küche.

Ich begann Sallys Geist zu spüren. Ein kaltes Kribbeln lief mir über die Schultern, ich bekam eine Gänsehaut. Mein Herz schlug heftig. Die Energien der ganzen Situation und dieses Raumes überfluteten mich förmlich. Sogar das Atmen fiel mir schwer. Mein Gefühlshaushalt geriet zunehmend durcheinander. Keine Frage, es war ein Geist, der noch keinen Frieden gefunden hatte. Von Geistern, die in Frieden sind, geht Ruhe aus, und der Austausch gestaltet sich dann auch meist relativ gelassen. Dieser Geist, das fühlte ich sehr klar, hatte weder Frieden noch Ruhe, er war voller nervöser Anspannung.

Etwas klärte sich jetzt sofort. Hier herrschte keine Atmosphäre von Selbstmord. Es gab keine Traurigkeit, keine Schwermut, keine Verzweiflung, doch dafür war Angst umso deutlicher zu spüren. Dazu kam Ärger, ja Wut. Außerdem fühlte ich Falschheit, Lug und Trug, alles hier in diesem Zimmer versammelt.

Während ich dort stand, drang Sallys Geist immer deutlicher zu mir durch. Es war eindeutig eine Frau, die sich noch nicht gelöst hatte und nicht glücklich war. Anders als die meisten Geister, denen ich begegnete, hatte sie keinen Frieden gefunden. Sie musste dringend etwas loswerden.

»Es ist alles schriftlich festgehalten. Ich habe alles aufgeschrieben«, ließ sie hören, sehr laut. »Hör mir zu: Ich habe es aufgeschrieben!«

»Was aufgeschrieben?«, fragte ich innerlich.

»Wer mich umgebracht hat! Hörst du mir überhaupt zu?« Wieder schrie sie wie jemand, der völlig außer sich ist.

»Du hast es aufgeschrieben? Wo? Wir müssen das wissen, sonst finden wir es nicht!« Ich sprach jetzt auch mit Nachdruck, schon etwas genervt, weil Sie einfach nicht mit den relevanten Details herausrückte. Die Spannung und Energie wurde so dicht, dass das Licht zu flimmern begann. Die laufende Geschirrspülmaschine machte merkwürdige Geräusche und blieb dann stehen. Geister strahlen bestimmte Energiefrequenzen ab. Sicher haben Sie schon Menschen erlebt, bei denen Sie unwillkürlich denken: »Mein Gott, was für eine Nervensäge« oder »Wie kann man nur so negativ sein?« Solche Leute senden bestimmte Energien aus, und bei Geistern ist das nicht anders.

»Ich habe es aufgeschrieben!«, wiederholte sie.

»Hör mal«, sagte ich, »wenn du mit mir ins Gespräch kommen willst, musst du ein bisschen Dampf ablassen.«

»Ich habe es aufgeschrieben!«, schrie sie noch einmal.

»Ja, aber immer mit der Ruhe!«

»Es ist in dem blauen Buuuuuuuuuuuch.« Ihre Stimme hallte schrillend in mir nach. Jetzt zeichnete sich auch ein Bild ab, das ein blaues Buch zeigte, vielleicht ein kleines Tagebuch.

Die Verbindung zwischen hier und dort drüben ist von vielen Faktoren abhängig und kann instabil sein. Es ist nicht so, dass man die Verbindung einfach schaltet und sie dann verlässlich steht. Ich beispielsweise muss dabei entspannt und stressfrei sein, ich muss mich in einem gelösten Zustand befinden, um überhaupt empfangsbereit zu sein. Wenn ich angespannt oder nicht gut drauf bin (und da kann schon schlechtes Wetter ausreichen), wirkt sich das auf die Verbindung aus. Für Geister, die den Kontakt zu mir suchen, ist das nicht anders. Sie müssen offen und kommunikationsbereit sein, also in einer Verfassung, in der es ihnen leichtfällt, sich direkt und offen zu äußern. Bei frisch Verstorbenen ist es oft so, dass sie aus irgendeinem Grund noch nicht so weit sind, klare und zielführende Mitteilungen machen zu können.

Das war, wie ich fühlen konnte, bei dieser Frau der Fall. Ihre Mitteilungen wirkten unzusammenhängend, und es war ihnen eigentlich nichts zu entnehmen. Sie war einfach noch nicht bereit, und ich fragte mich, ob ich sie überhaupt so übersetzen konnte, dass wir verwertbare Hinweise bekamen. Andererseits musste sie ja den Eindruck haben, dass sich ihr hier die Chance zu ihrer eigenen Darstellung der Dinge bot. Und ihre Familie brauchte diese Darstellung so dringend.

In solchen Fällen bitte ich meine Geistführer, mir bei der Kommunikation mit dem Verstorbenen zu helfen. Meine Führer sehen einfach von einer höheren Warte aus, was tatsächlich vor sich geht, und arbeiten auf einer anderen Schwingungsebene als ich. Ich bewege mich hier auf der Erde in meiner menschlichen Gestalt, und meine Geistführer sind Gott und der höheren Wahrheit einfach näher. Also nahm ich Verbindung zu meinen geistigen Führern auf und bat sie, mir zu zeigen, was dieser Frau widerfahren war, damit ich ihr die Dinge verständlich machen und auch ihren Mann unterrichten konnte. Ich wünschte mir einen klareren Zugang zum Geist dieser Frau, und sie sollte ihrerseits einen besseren Zugang zu mir finden. Dann sah ich auf einmal eine ganze Sequenz von Ereignissen, und zwar wie ein aufblitzendes Bild: Wie sie die Waffe kaufte und nach Hause fuhr, wie sie sie lud und die Pistole langsam an den Kopf hob, während sich die Augen mit Tränen füllten. »Ich liebe dich, John«, flüsterte sie.

Dann ein furchtbar lauter Knall.

Ich schrie auf und fand nur langsam wieder ins Zimmer zurück. Mir stand der Schweiß auf der Stirn. Ich spürte mein Herz wie wild in der Brust pochen. Tränen liefen. Manchmal sind die Bilder, die ich innerlich sehe, so bestürzend, dass sie auch mich erschrecken. Es kommt selten vor, dass ich so total die Fassung verliere oder förmlich Angst bekomme, – ein-, zweimal vielleicht bisher.

Jetzt stand John in der Tür. »Alles in Ordnung?«, fragte er mit lauter Stimme.

»Ja, alles in Ordnung. Ich nehme nur Kontakt auf und versuche, die Dinge auf die Reihe zu bringen.« Man kann wohl annehmen, dass ihm das Ganze ziemlich zusetzte, zumal, wenn er mich schreien hörte und wusste, dass ich allein war.

»Schön«, sagte er leise, »dann lasse ich Sie mal machen.«

Ich blieb geduldig im leeren Salon sitzen und wartete ab, ob sich Sally wieder melden würde. Mir war, als würde sich die Luft merklich abkühlen. Dann wurde es richtig kalt, so kalt, dass ich dachte, ich würde bald meinen eigenen Atem sehen können. Und während ich da vor mich hinblickte, zeichnete sich eine Geistergestalt ab. Als Sally mich beim ersten Kontakt angeschrien hatte, war es nur diese Stimme gewesen und keine Gestalt dazu. Diesmal begann sich eine Gestalt abzuzeichnen, durchscheinend, nebelhaft, nicht gleich als menschliche Gestalt zu erkennen. Zuerst trat ein bleiches Gesicht klar hervor, kurze braune Haare, die Augen geschlossen. Ich erkannte sie sofort als die Frau auf den Fotos, die ich gesehen hatte. Sie wirkte etwas jünger als auf den neueren Bildern, aber es ist durchaus nicht ungewöhnlich, dass sich Geister nach ihrer Ankunft in der geistigen Welt ein etwas verändertes Aussehen geben.

Hinter ihr stand ein Mann, steif, finsterer Blick. Er trug einen langen Trenchcoat und eine Baskenmütze, in der Hand hielt er eine Pfeife. Er begann zu weinen. Innerlich hörte ich halb erstickte Klagelaute, in denen große Qual mitschwang. Er war alt und traurig. Dann schmeckte ich Alkohol, Wermut und Whiskey. Irgendeine Verbindung bestand zwischen ihm und Sally, aber ich erkannte nicht, von welcher Art sie war. Als ich mich tiefer auf diesen Geist einstimmte, spürte ich seine Schwermut und seinen Zorn. Offenbar hatte er jedoch, anders als Sally, keine dringenden Botschaften zu übermitteln. Er musste nichts mitteilen, nichts zu verstehen geben, jedenfalls jetzt nicht. Er wirkte antriebslos und bedrückt.

Ich musste mir eingestehen, dass ich bis dahin noch nicht viel erreicht hatte, und fand das ziemlich frustrierend und entmutigend. Sechs Stunden bemühte ich mich jetzt schon, aber die Dinge reimten sich einfach nicht zusammen, sie ergaben kein Bild eines Ablaufs. Sally sagte mir, sie habe alles aufgeschrieben, aber was sollte ich damit anfangen? Ich wusste nicht, wo ich danach suchen sollte, aber ihren Aussagen nach musste sie ermordet worden sein. Dann kam auch noch ein »Überraschungsgeist« dazu, der aber auch nichts Greifbares von sich gab und mich folglich nicht weiterbrachte. Im Grunde hatte ich nichts weiter als eine Handvoll Hinweise, die keinen Sinn ergaben. Da saß ich nun, frustriert, und die Geister verblassten, die Verbindung schwand. Keine weiteren Informationen.

Im Grunde war ich da, um einen Kriminalfall aufzuklären, einen Mordfall sogar – vielleicht musste ich eher wie ein Kripobeamter denken und nicht wie ein Medium und Hellseher. Wo jemand umgebracht wurde, musste es ein Tatmotiv geben. Dann musste ich meine Geister wohl bitten, mir beim Aufspüren dieses Motivs zu helfen. Wenn Sally umgebracht worden war, musste ich wissen weshalb.

Was ich bisher erfahren hatte, verwirrte mich nur. Ich musste einen neuen Ansatz suchen. Dazu brauchte ich John. In einer solchen Lage muss ich einfach jede Informationsquelle einbeziehen. Normalerweise halte ich die Dinge gern auseinander, es soll nicht so wirken, als würde ich die Leute unauffällig aushorchen, um sie dann mit großen Aufschlüssen aus dem Jenseits zu überraschen. Am liebsten gebe ich einfach weiter, was bei mir ankommt, was ich sehe oder höre, und fertig. Aber hier kam ich einfach nicht weiter, und die Zeit drängte. John sollte möglichst bald Bescheid wissen, wir mussten herausfinden, wer für den Tod seiner geliebten Frau verantwortlich war.

Ich fand John oben in seinem Arbeitszimmer, wo er einfach saß und aus dem Fenster blickte. Ohne Zweifel war er ein starker und selbstbewusster Mann, aber diese Geschichte nahm ihn sehr mit. Plötzlich hatte er allein dagestanden, und jetzt war er traurig, verstört und verzweifelt.

Ich setzte mich zu ihm. Wir schwiegen eine Weile, dann sagte ich: »Ich muss Sie etwas fragen.«

»Nur zu.«

»Kennen Sie einen Verstorbenen, der Pfeife geraucht hat?«

Er legte die Stirn in Falten und dachte nach. »Ich weiß nicht recht. Nein, eher nicht.«

»Ich habe bei ihrer Frau in der geistigen Welt einen Mann in Trenchcoat und Baskenmütze gesehen. Er hatte eine Pfeife in der Hand. Er weinte.«

»Oh, das muss ihr Vater sein, mein Schwiegervater. Er war so gekleidet und außerdem Pfeifenraucher. Aber warum weint er?«

»Haben Sie beide sich nahegestanden?«

»Mein Schwiegervater und ich? Nein, gar nicht. Er war nicht das, was man einen netten Kerl nennt. Und korrupt war er. Aber meine Frau verstand sich gut mit ihm, deshalb habe ich mich auch immer bemüht, nett zu sein.«

»Korrupt?«, fragte ich nach.

»So ganz genau weiß ich das eigentlich nicht. Ich fand ihn irgendwie merkwürdig. Er war in der Politik, und da hat er, glaube ich, ein paar ganz unsaubere Sachen eingefädelt, aber niemand hat je direkt darüber gesprochen.«

Die Verbindung war jetzt nur noch ganz schwach, und dann hatte ich plötzlich das Gefühl, sie sei abgerissen. Sallys Geist war einfach nicht mehr da, verschwunden.

»Haben Sie hier irgendwelche Aufzeichnungen gefunden?«, fragte ich John, der wieder aus dem Fenster blickte. »Oder hat die Polizei eine schriftliche Mitteilung gefunden?«

»Nein, sie hat keine Notiz hinterlassen. Aber ich sage Ihnen doch, dass sie ermordet wurde.«

»Ich weiß, dass Sie es so sehen, aber sie hat mir vorhin eröffnet, dass sie alles aufgeschrieben hat. Haben Sie eine Ahnung, wo sich Aufzeichnungen dieser Art befinden könnten?«

Er überlegte. »Also, Sally hat viel geschrieben, Gedichte, Tagebücher und so. Unterm Dach stehen ganze

Kartons mit solchen Schriften. Ich mag mich aber nicht damit beschäftigen, es tut zu weh.«

»Hat die Polizei sich die Sachen angesehen?«, fragte ich.

»Nein, wie ich Ihnen schon sagte, sie haben den Tod sofort als Selbstmord eingestuft.«

Ich hatte das klare Gefühl, dass wir dort etwas finden würden. »Wir müssen uns das ansehen«, sagte ich.

»Können Sie sie nicht fragen, wo es ist?«, fragte John.

»So einfach ist das nicht. Es wird vielleicht eine Menge Arbeit machen, aber mein Bauch sagt mir klar und deutlich, dass wir dieses von ihr erwähnte Tagebuch finden müssen, dann wird sich einiges klären. Wenn uns die Geister etwas mitteilen, möchten sie uns weiterhelfen. Wir sind gut beraten, ihren Hinweisen nachzugehen.«

John sah mich mit leerem Blick stirnrunzelnd an. »Wenn wir da oben nach Aufschlüssen stöbern, zieht mich das nur noch mehr runter«, sagte er.

»Ich verstehe, John, aber wenn mir durch meine Arbeit irgendetwas wirklich klar geworden ist, dann dass es keinen Sinn hat, den Toten zu widersprechen.«

Er nickte. »Gut, dann gehen wir also.«

Drei Stunden lang sichteten wir Kiste für Kiste aus Sallys Hinterlassenschaft – Bilder, Schriften, Krimskrams und Computerzubehör. Wir leerten Truhen und Koffer, die Hände grau von Staub und Spinnweben.

Als wir eben bereit waren, unsere Forschungen für diesen Tag einzustellen, fiel uns ein blaues Notizbuch in die Hände. Ich erkannte es sofort als das Buch, das ich in meiner Vision von Sally gesehen hatte – türkisfarben und mit einem goldenen Schriftzug. Es sah tatsächlich genauso aus, wie es mir erschienen war.

»Das ist es!«, rief ich aus. »Hier, das ist das Buch, das ich gesehen habe!«

John nahm es in die Hand und schlug es auf. Es war voller handschriftlicher Einträge. Ich blickte John über die Schulter, und wir lasen zusammen einige der Notizen:

19. Dezember 1991
Ich fürchte immer noch um mein Leben. Mr. L. droht mir täglich damit, Papa zu verraten. Ich fühle mich bedroht, ich sehe keinen Ausweg.

18. März 1992
John beklagt sich zunehmend darüber, dass ich zu viel unterwegs bin. Ich mache mir Sorgen um unsere Zukunft. Kein Tag vergeht mehr, ohne dass L. mich erpresst. Er weiß alles über Papas politische Tricksereien. Mein Vater könnte sein Amt verlieren, wenn etwas bekannt wird. Ich muss alles tun, um ihn zu schützen. Ich habe versucht, mit Mutter darüber zu sprechen, aber sie will nichts davon hören.

Ich spürte, wie verstörend und beängstigend das alles für Sally gewesen sein musste. Die verzweifelt wirkenden Einträge zeichneten die verquere Beziehung zu diesem Mr. L. nach. Sie sprach eigentlich ständig von diesem Mann, es ging in den Aufzeichnungen um nichts anderes. Wir würden das Buch ganz lesen müssen, um die Dinge einordnen und verstehen zu können. Ganz offensichtlich war dieser Mann heimtückisch und sehr gefährlich.

»Das habe ich noch nie gesehen«, sagte John. »Es muss ihr Tagebuch sein.« Klar war jedenfalls, dass dieses Buch wahrscheinlich alles in ein völlig anderes Licht rücken würde. Tränen traten ihm in die Augen.

Als Hellseher wusste ich bereits, wie er auf die Lektüre reagieren würde. Ich sah alles vor mir. Auch dass das Buch tiefe Aufschlüsse geben würde.

»Lesen Sie es erst einmal allein«, schlug ich vor. »Ich gehe so lange nach unten.«

»Das kann Stunden dauern.«

»Ja. Ich warte.«

Ich musste unbedingt diesen ganzen Druck loswerden und in meinem Kopf Ruhe einkehren lassen. Schon auf dem Weg nach unten ergriff mich eine schier überwältigende Müdigkeit. Ich war mit einem Nachtflug hergekommen und hatte inzwischen vierundzwanzig Stunden nicht mehr geschlafen. Ich wusste kaum noch, was stärker war, die Aufgedrehtheit oder die Müdigkeit. In Nacken und Schultern saß der Schmerz. Ich setzte mich im Wohnzimmer vor den Fernseher und dämmerte zu den Ergüssen eines Alleinunterhalters hinüber.

Das Knarren der Treppe weckte mich. Johns Schritte erschienen mir sehr langsam.

»Es steht alles drin«, sagte er beim Eintreten.

»Was steht drin?«

»Alles, was Sie gesagt haben. Alles, was Sie mir erzählt haben. Wort für Wort. Es ist ihr Tagebuch.«

»Wie weit reicht es denn zurück?«, fragte ich.

Er ließ sich in seinen Sessel fallen und starrte die Wand an.

»Alles da. Nicht zu fassen.«

Was er dann zu berichten hatte, war wirklich ein starkes Stück. Seine Frau war erpresst worden. Ihr Vater, dieser »korrupte Politiker«, den ich bei ihr gesehen hatte, war offensichtlich in schmutzige Geschäfte verwickelt gewesen, illegales Glücksspiel und dergleichen. Als er dann Bürgermeister wurde, witterte ein Mitglied seiner Seilschaft die große Chance und ließ ihn wissen, er werde ihn bei den Medien anschwärzen, und das sei nur mit einem größeren Batzen Geld zu vermeiden. Er selbst weigerte sich zu zahlen, aber Sally machte es sich zur Aufgabe, diesen Mann irgendwie ruhig zu halten. Sie trafen sich ein- oder zweimal im Monat, und Sally gab ihm Geld, um sich sein Schweigen zu erkaufen. Vor etwa drei Monaten jedoch hatte sie den Kontakt völlig abgebrochen. Aus dem Tagebuch ging hervor, dass dieser Kerl immer gewalttätiger vorging und nicht zur Vernunft zu bringen war. Sallys Vater starb, aber es war ihr wichtig, dass er auch nach seinem Tod seinen guten Namen behielt. Dann wuchs ihr die ganze Sache jedoch über den Kopf. Die letzten Tagebucheinträge lassen erkennen, dass der Mann einfach kein Maß mehr kannte. Er wurde immer dreister, erschien sogar an Sallys Arbeitsplatz und hinterließ ihr psychopathische Nachrichten auf der Mailbox. Dann, eineinhalb Wochen vor Sallys Tod, rissen die Tagebucheinträge ab. Mehrmals sprach sie in ihren letzten Notizen an, wie sehr sie um ihr Leben fürchtete.

»Was machen wir jetzt?«, fragte ich. Eine wichtige und schwierige Frage. Wir hatten jetzt ein paar Antworten, aber eigentlich warf das Tagebuch für uns eine Reihe weiterer Fragen auf. Weshalb hatte sich Sally so bedingungslos vor ihren Vater gestellt und dabei sogar ihr Leben aufs Spiel gesetzt? Wie konnte es sein, dass sie und John einander so nahe waren und sie ihm trotzdem nicht vom vermutlich größten Problem in ihrem Leben erzählte? Wir hatten zwar ein paar wirklich erhellende Aufschlüsse bekommen, aber es ließ sich trotzdem nicht mit Sicherheit sagen, was Sally widerfahren war. Hatte dieser geheimnisvolle Mann in seiner blinden Wut einen Racheakt an ihr verübt? Oder hatte sie dem Druck nicht mehr standhalten können und ihrem Leben ein Ende gesetzt? Wir wussten es einfach nicht. Das schaurige Bild von der Waffe, die sie sich an den Kopf gehalten hatte, verfolgte mich.

Ich hatte diese Dinge herausgefunden und John zu weiteren Entdeckungen geführt, aber irgendetwas Handfestes hatten wir trotzdem noch nicht. Ich konnte einfach nicht glauben, dass diese Frau sich umgebracht hatte, aber Beweise gab es weder dafür noch dagegen. Ich forderte die andere Seite auf, mir weiterzuhelfen – Sally, ihr Vater oder irgendwer –, aber es geschah nichts. Totenstille.

John sah mich lange an. Dann weinte er plötzlich. Und er war ein ganzer Kerl, sicherlich keine Heulsuse, und ganz bestimmt keiner, dem es leichtfiel, vor anderen zu weinen.

»Entschuldigen Sie«, brachte er mühsam heraus. »Sie fehlt mir einfach so sehr.«

»Das kann ich verstehen«, beruhigte ich ihn. »Es ist nur natürlich.« Ich nahm ihn in die Arme und drückte ihn. Er brauchte das einfach.

Dann saßen wir wieder da. Er weinte, und mir schossen alle möglichen Deutungen und Schlüsse durch den Kopf. Wahre Liebe ist eines der großen Wunder auf dieser Erde. Sie treibt uns an, sie erschüttert uns, für sie leben wir. Sie bringt ans Licht, was wir im Innersten sind, sie lässt uns schließlich die Seele des anderen sehen.

»Wir müssen damit zur Polizei gehen«, sagte er.

»Ja, gehen wir morgen früh«, stimmte ich zu.

Am nächsten Morgen riefen wir den Kriminalbeamten an, mit dem John schon zu tun gehabt hatte. Er sagte, wir sollten mit unseren Beweisstücken in sein Büro kommen. Dort führten wir ein ausführliches Gespräch mit ihm, und er schien unseren Bericht und das Tagebuch sehr ernst zu nehmen.

Etwa einen Monat später rief John mich an und berichtete, es sei ein Mann festgenommen worden. Er werde verhört. Nach längerem Prozess wurde der Verdacht seiner Schuld oder Mitschuld an Sallys Tod fallen gelassen, aber später wurde er wegen Erpressung und etlicher anderer Vergehen angeklagt. In vielen dieser Punkte wurde er für schuldig befunden, in anderen schweben noch Berufungsverfahren. Ich verfolgte die Geschichte nicht weiter, als ich erfuhr, dass er im Gefängnis war.

Die geistige Welt leitet uns, tröstet uns, schenkt uns Liebe. Manchmal müssen wir auch für die Geister zur Verfügung stehen und etwas zu Ende bringen, was sie selbst im Leben nicht mehr abschließen konnten. So halten wir die Kommunikationswege zwischen hüben und drüben offen. Wenn wir Antworten benötigen, sind die Geister immer da. Wir müssen nur genau hinhören, dann erschließt sich uns die Wahrheit. Darin sind wir alle ein bisschen Medium, oder?

Haus zu verkaufen

Ein Haus ist einfach ein Ort, an dem man all sein Zeug
verwahrt, um dann loszuziehen und noch mehr davon zu
beschaffen.

GEORGE CARLIN

»Kennst du dich mit Spuk und Gespenstern aus?«, fragte
mein Freund Michael gegen Ende unseres Abendessens
im *Cafeteria*, einem lauten und wuseligen Lokal in Chelsea, wo das Essen sehr amerikanisch ist und die Drinks
stark sind. Laut, schummrig, sehr angesagt und rund um
die Uhr geöffnet, darauf kann man sich verlassen. Ein
schickes, clever designtes Ambiente mit sorgfältig geklei-
detem Publikum – man kann hier jederzeit auf Menschen treffen, die man von irgendwoher kennt, zumindest aus den Klatsch-Magazinen.

»Meinst du so was wie alte Gemäuer, in denen Geister
umgehen?«, fragte ich zurück. Unser Kellner mit seiner
glitzernden Fliege schenkte uns Wasser nach.

»Ja, Orte, an denen sich Tote herumtreiben.« Er nahm
einen Bissen von seinem medium gegrillten Steak und
zerdrückte die Kartoffeln im Saft. »Ist da was dran?«

»Ich weiß ein bisschen was darüber, aber nicht alle Fälle von vermutetem Spuk sind tatsächlich auch Spuk«, klärte ich ihn auf und nippte an meinem Pinot Noir.

»Wie meinst du das?«

»Ich meine, dass ich bei solchen Dingen immer ein bisschen gesunde Skepsis wahre. Ich bin mal für eine Geisteraustreibung zu einer Frau in der Bronx gegangen, die glaubte, dass ihr verstorbener Mann den Fernseher aus- und anmachte. Tatsächlich lag aber unter dem Kissen, auf dem sie saß, eine Ersatz-Fernbedienung.« Wir lachten, Michael fand es sehr komisch.

»Na ja«, grinste ich, »ein bisschen peinlich war es schon auch, als ich da mit meinem Weihwasser und dem Räuchersalbei stand. Aber weshalb fragst du nach Gespenstern?«

»Das ist eine etwas wilde Geschichte. Erinnerst du dich noch an Catherine, meine Mitbewohnerin damals in der kleinen Wohnung?«

Ich durchforstete mein Gedächtnis und erinnerte mich. Michael war einer der ersten Freunde, die ich nach meinem Umzug in der Stadt fand. Wir lernten uns bei irgendeinem der Kontakt-Events kennen, die ich häufiger besuchte, um Leute kennenzulernen. Er studierte damals Jura und wohnte zusammen mit zwei Mädchen in einer kleinen Wohnung in Harlem. Wir hatten dann ein Date, und da empfand ich ihn als kompletten Blödmann und rief ihn nicht wieder an. Irgendwie kamen wir aber einen Monat später doch wieder zusammen, und es entstand eine Freundschaft. Solange ich ihn einfach als Freund und nicht als meinen Boyfriend ansah, konnte ich mit seiner Großspurigkeit umgehen.

Ich hatte Michaels Mitbewohnerinnen nur ein- oder zweimal gesehen, aber ich erinnerte mich trotzdem an Catherine. Es war allerdings nicht viel von ihr hängen geblieben, außer dass sie ziemlich konservativ war und recht aufgeräumt wirkte und wir bei Michaels Examensfeier eine Weile miteinander gesprochen hatten.

»Ja, ich erinnere mich«, sagte ich und fügte lachend hinzu: »Sie war bei deiner Examensfeier und hat ununterbrochen über diesen Romney geredet.«

»Na, jedenfalls hatte sie wohl eine Tante«, leitete Michael seinen Bericht ein, »mit der sie sich gut verstand und die dieses Jahr an Krebs gestorben ist. Catherine möchte jetzt das Haus verkaufen, aber es passieren lauter ganz abwegige Sachen, und sie weiß nicht, was da los ist. Sie glaubt, dass es in diesem Haus spukt.«

»Was sind denn das für Sachen, die da so passieren?«, erkundigte ich mich.

»Lauter schräges Zeug. Komische Geräusche, platzende Leitungen. Schon wenn du reinkommst, spürst du diese wirklich gruselige Atmosphäre, als wäre da jemand gestorben oder so.«

»Warst du schon mal da?«

Ja, er war gleich nach dem Tod der Tante dort gewesen. »Und ich hab da wirklich was gespürt«, betonte er.

Michael ist sicherlich nicht der allersensibelste Typ. Er glaubte zwar, dass es dergleichen Dinge gibt, aber er war eben auch Jurist, und bei allem, was er sagte, schwang immer eine gewisse Grundskepsis mit. Jedenfalls, wenn er nun sagte, dass er da etwas gespürt hatte, konnte es kaum aus der Luft gegriffen sein.

Während er weitersprach, hörte ich innerlich den

Namen Mildred. Wie von einer realen Stimme in meinem Kopf gesprochen, klar und deutlich.

»Sie will also das Haus verkaufen«, hörte ich Michael sagen, »aber immer wenn sie kurz vor dem Abschluss steht, platzt der Deal. Und sie kann es sich wirklich nicht leisten, länger in diesem Haus zu wohnen.«

Wieder hörte ich den Namen Mildred, ich sah ihn sogar innerlich als Schriftzug. Immer wieder dieser Namen, Mildred, Mildred, Mildred.

»Und sie hat einfach Angst.« Michaels Stimme war jetzt nur noch ganz im Hintergrund zu hören, übertönt von diesem Namen. Ich fragte mich, ob da etwas oder jemand zu mir durchdringen wollte.

Mildred, Mildred. Mildred. Die Stimme wurde lauter und klarer.

»Kennt sie eine Mildred?«, musste ich schließlich fragen, damit mich diese Stimme nicht völlig besetzte. Mir war auch nicht klar, ob ich mit ihr oder mit Michael verbunden war. Mit Michael hatte ich noch nie ein Reading gemacht.

»So heißt die Tante, glaube ich«, sagte er und hörte auf, an seinem Steak zu säbeln. Er sah mich an, dann blickte er über die Schulter.

»Ist sie etwa hier?«, fragte er leicht verunsichert und sah sich noch einmal um.

Die geistige Welt ist nicht ganz leicht zu verstehen. Das Treiben der Geister findet weder drüben noch hier statt, sondern irgendwie dazwischen. Wenn sie mit uns kommunizieren möchten, sind sie dennoch auf der anderen Seite, aber von dort aus können sie aktiv werden und sich uns bemerkbar machen. Man könnte sagen, dass sie uns besuchen, aber sie wandeln dann nicht wirklich unter uns, sondern sind weiterhin drüben – es ist nur eine Art Stippvisite. Der Schleier zwischen hüben und drüben ist sehr dünn, und sie bewegen sich mühelos zwischen den Welten.

»Nein«, gab ich zurück, »ich stimme mich nur auf die ganze Sache ein und bekomme ein paar Eindrücke.« Ich wusste ja selbst nicht, wie dieser Name zu mir gekommen war. Ich sah keinen Geist, es war nur plötzlich der Name da. Manchmal jage ich mir selbst einen Schreck ein.

»Ich wäre schon bereit, deine Freundin mal zu besuchen«, fuhr ich fort. »Ich denke, dass ich vor Ort mehr Informationen bekommen könnte, wenn ich die Atmosphäre dort ganz direkt ausschnüffle.«

»Das klingt doch gut«, fand er. »Kann ich ihr deine Telefonnummer geben?«

Ich bejahte, und wir blieben noch einen Moment schweigend sitzen.

Michael sah sich immer wieder verstohlen um, während er sich weiter mit seinem Steak befasste und es auf seinem Teller herumschob. Er schien sehr mit dem bisher Gesagten beschäftigt zu sein. Fast mehr als mit seinem Essen, dachte ich.

»Ist Mildred noch da?«, fragte er und nahm einen Bissen. Er sah mich an und ergänzte: »Das war nämlich richtig unheimlich gerade.«

* * *

Catherine rief mich gleich am nächsten Tag an, und wir sprachen über die Ereignisse rund um das Haus. Ihre Tante Mildred war eine schwierige Frau gewesen; mit

Sicherheit ließ sich sagen, dass sie eine starke Persönlichkeit gehabt hatte und hinterhältig, arrogant und äußerst kleinlich sein konnte. Schon beim Gespräch mit Catherine bekam ich einen Eindruck von Mildreds energischer, wenn nicht wuchtiger Ausstrahlung. Ich empfand sie als eine bevormundende Energie, die meine Gedanken und Mitteilungen in ihrem Sinne zu ordnen versuchte.

Catherine hatte ihre Tante während der sechs Jahre ihrer Krebserkrankung gepflegt. Die Familie hatte sich seit dem Einsetzen der Krankheit ganz von Mildred abgewandt, manche riefen sie nicht einmal mehr zurück. Catherine hatte sich Mildred, der Schwester ihrer Mutter, immer sehr nahe gefühlt und nach dem Tod ihrer Mutter noch mehr.

»Ich weiß einfach, wie viel ihr dieses Haus bedeutet«, erzählte sie. »Ich mache mir Gedanken, ob ich hier wohl einen Fehler mache. Vielleicht hat sie mir ja etwas mitzuteilen und versucht, mich zu erreichen.«

»Das werden wir schon rausfinden, wenn ich morgen komme«, beruhigte ich sie.

»Da bin ich aber froh. Zurzeit tappe ich nämlich völlig im Dunkeln.«

Schon als ich in meinem gemieteten SUV die lange Auffahrt hinauffuhr, spürte ich, dass ein Geist anwesend war. Hätte ich ein Haus gebraucht, in dem es spukt, wäre dieses hier die erste Wahl gewesen. Es hatte auch äußerlich alles, was man von einem Gespenstergemäuer erwartet, zum Beispiel geschlossene Fensterläden und diese lange Auffahrt mit ihren halb abgestorben wirkenden und kaum noch Blätter tragenden Bäumen. Vor dem Eingang saß eine braun-weiße Katze und gähnte. Das Dach sah etwas mitgenommen aus, hier und da schienen Schindeln zu fehlen. Ich erschauerte unwillkürlich, als ich den Zündschlüssel abzog. Michaels Beschreibung der Atmosphäre hier leuchtete mir jetzt ein.

Catherine hatte weiches rotes Haar, das ihr bis auf die Schultern reichte, über ihren Wangen waren ein paar Sommersprossen verteilt. Ihre blasse und glatte Haut erinnerte an das Gesicht einer Porzellanpuppe. Sie winkte mir vom breiten Eingangsvorbau zu. Ich erinnerte mich an ihr Gesicht, obwohl diese Examensparty schon etliche Jahre zurücklag. Dieses Gesicht mit seinen weichen Linien hatte etwas Warmes, Stilles und Vertrautes.

Als ich ausgestiegen war und die Kofferraumklappe hob, rief sie: »Soll ich helfen?«

»Nein, geht schon!«, rief ich zurück. Ich versuche immer zu vermeiden, dass die Gerätschaften, die ich bei solchen Anlässen brauche, mit fremden Energien in Kontakt kommen. Ich nahm also mein Reinigungsöl an mich, den Salbei, die selbst gegossenen Kerzen. Außerdem hatte ich noch ein kleines Räucherbündel und ein paar meiner Engelkarten.

Schon bei den paar Schritten zum Haus kamen die ersten Visionen. Wie sonderbar das alles war, ging es mir durch den Kopf, und ich war auch gespannt zu erfahren, was Mildred wohl von ihrer Nichte wollte. Michael hatte mir erzählt, dass die beiden sich sehr nahe gewesen waren und Mildred ihrer Nichte das Haus testamentarisch vererbt hatte. Bei meiner Meditation vor der Herfahrt hatte ich außerdem den Eindruck bekommen, dass die Tante sehr lange krank gewesen war. Da musste doch eigentlich genügend Zeit gewesen sein, um vor ihrem Tod alles zu regeln.

»Erzähl mir kurz, was passiert ist«, forderte ich Catherine auf, »dann sehen wir, was wir tun können.«

»Ja. Also, meine Tante ist vor ungefähr einem Jahr in diesem Haus gestorben, und von da an hatte ich mich um das Anwesen zu kümmern. Wir standen uns sehr nahe, ich war praktisch die Einzige in der Familie, die mit ihr sprach.«

»Gut, und nach ihrem Tod passierten dann zunehmend merkwürdige Dinge im Haus?«

»Ja, mir fielen immer mehr sonderbare Dinge auf, unheimliche Geräusche oder irgendwo ein Knarren. Manchmal ist im Wohnzimmer ein Ächzen und Stöhnen zu hören, und wenn ich mich hier im Haus aufhalte, habe ich die verrücktesten Träume. Außerdem war ich schon dreimal an dem Punkt, wo der Verkauf bombensicher zu sein schien und dann doch in letzter Minute nicht zustande kam. Lichter gehen an und aus. Hier geht wirklich etwas sehr Seltsames vor sich.« Catherine sprach schnell und laut, Ratlosigkeit und Verängstigung waren ihr deutlich anzuhören. Ihr Körper war angespannt, die Hände verkrampft.

»Ja, da muss wohl etwas dran sein«, pflichtete ich ihr bei und machte mir auf dem vor mir liegenden Block ein paar Notizen. Da ich mich noch nicht richtig eingestimmt hatte, mochte ich noch nichts zu den Vorgängen sagen, damit sich Catherine keine unnötigen Gedanken machte. Oft ist es besser, sich erst einmal zu entspannen, anstatt gleich irgendwelche Schlussfolgerungen zu ziehen. Meine Klienten sollen sich auf keinen Fall fürchten oder sogar in Panik geraten.

Es war Catherine deutlich anzumerken, dass sie Angst hatte und sehr traurig war. Sie wünschte sich, etwas für ihre Tante tun zu können, und so verstört und nervös sie auch war, es blieb ihr wichtig, ganz im Sinne ihrer Tante zu handeln. Irgendwie hatte sie aber das Gefühl, dass es ihr nicht gelang und sie den Willen der Tante vielleicht überging. Ich spürte immer deutlicher, dass Tante Mildred ihr etwas mitzuteilen hatte und das Haus erst verkauft werden konnte, wenn das gelungen war.

»Wir nehmen am besten einfach Kontakt zu ihr auf und sehen dann zu, was sich daraus ergibt«, schlug ich vor. »Das kann ich anbieten, mehr einstweilen noch nicht. Ich habe zwar schon dies und das gespürt, aber um Genaueres sagen zu können, brauche ich erst einmal eine richtige Verbindung.«

»Ich will nur, dass es endlich vorbei ist«, sagte Catherine. »Es geht einfach zu weit, ich habe seit Wochen nicht richtig geschlafen.«

»Sehen wir uns doch nach einem stilleren Plätzchen um«, schlug ich vor.

Sie führte mich auf die Terrasse, von der man einen herrlichen Ausblick auf einen See hatte. Enten schwammen gerade vorbei, und eine von ihnen quakte laut, was die friedliche Stille noch vertiefte. Wir saßen ein paar Augenblicke einfach nur da, Catherine nahm einen Schluck von ihrer Limonade.

Ich spürte, dass sich eine Verbindung aufbaute. Catherine sah mich unverwandt an, offenbar unsicher, was sie von dieser Szene halten sollte. Ich schloss die Augen, um mich besser konzentrieren zu können.

Sofort spürte ich, dass da eine Frau bei uns auf der

Terrasse war, eine Person von sehr dominanter Präsenz – kein Zweifel, sie wollte sich unbedingt bemerkbar machen. Ich sah sie zwar nicht, aber ich hörte innerlich wieder den Namen Mildred.

»Ich höre den Namen Mildred«, teilte ich ihr mit. »Und jetzt auch noch den Namen Marilyn.«

»Ah, ja, Mildred war meine Tante, Marilyn meine Mutter, ihre Lieblingsschwester. Sie leben beide nicht mehr.« Lachend fügte sie hinzu: »Mildred ist offenbar die Gesprächigere der beiden.«

Jetzt konnte ich die mit dem Namen Mildred verbundene Frau visualisieren. Es war eine Frau von gebieterischem Auftreten, groß und von schwerem Körperbau. Ihr dunkles Haar war zu einem Knoten gesteckt. Sie trug einen schwarzen Pulli mit aufgedruckten Katzen. Ich berichtete Catherine davon. Sie lachte und sagte, ihre Tante habe viele Sachen mit Katzendesign gehabt.

Ich bekam immer klarere Eindrücke von den aktuellen Gegebenheiten und Vorgängen. Und ich spürte auch, wie es um Catherine, Mildred und Mildreds Gefühle zu diesem Haus stand. Irgendwie schien sie sich hintergangen zu fühlen. Diese Gefühlsreaktion durchflutete mich und rief mir eine Jahre zurückliegende Zeit in Erinnerung. Damals fand ich heraus, dass meine Tante nicht den letzten Willen meiner verstorbenen Großmutter respektiert hatte. Ich erinnere mich an eine bestimmte emotionale Reaktion, in der sich Ärger und Traurigkeit über diesen Verrat meiner Tante mischten. Der Eindruck war ganz frisch, ich fühlte mich genauso wie damals vor all den Jahren. Ich spürte, dass wir jetzt zur eigentlichen Botschaft Mildreds kommen würden, die für Catherine etwas

Beruhigendes und Heilsames haben würde und an der wir erkennen konnten, um was es hier eigentlich ging.

Klare Beweise für die Realität eines bestimmten Kontakts mit der geistigen Welt sind bei medialen Readings sehr wichtig. Man kann den Leuten allerlei eher allgemeine Dinge sagen, die ihnen Erleichterung verschaffen, aber noch nicht schlüssig beweisen, dass es sich wirklich um den angestrebten Kontakt mit dem Geist eines bestimmten Verstorbenen handelt. Wird das jedoch unzweifelhaft klar, kann es die Einstellung des Klienten oder Fragestellers so tiefgreifend beeinflussen, dass sich dessen Lebenshaltung grundlegend ändert. Zu einem Medium geht man nicht, um sich sagen zu lassen, dass der geliebte Verstorbene einen geliebt hat – dafür hat hoffentlich das Leben selbst Gelegenheit geboten. Man möchte von einem Medium vielmehr hören, dass der Geist des Verstorbenen weiterlebt.

Ich gab meine Eindrücke weiter: »Also, hier ist etwas ganz Merkwürdiges los. Ich bekomme den Eindruck, dass es um Verrat oder Betrug geht. Deine Tante sagt, dass sie dir das Haus in der Annahme vermacht hat, es werde in der Familie bleiben und nicht verkauft werden. Sie ist aufgebracht, weil du es verkaufen möchtest.«

Catherine wandte den Blick ab, Tränen traten ihr in die Augen. Sie schloss die Augen, um nicht loszuweinen. Aber die Tränen liefen doch. Sie griff sich an die Stirn.

»Das kann doch nicht wahr sein«, sagte sie leise und sah mich fassungslos an. »Das hat sie dir gesagt?«

»Also, ich habe es bestimmt nicht erfunden«, gab ich lachend zurück, um die Sache so locker wie möglich zu halten. Noch wusste ich nicht, ob Catherine schockiert war, weil die Mitteilung zutraf, oder weil sie ganz abwegig war.

Sie ließ die Hände sinken, und ich sah, dass sie Trost und Rückhalt brauchte. Ich legte den Arm um sie.

»Fragen wir sie doch einfach weiter«, schlug ich vor. »Aber wenn du weinst, wird alles so traurig, und dann erreichen wir wahrscheinlich nicht viel.«

»Also, die Sache ist die«, begann Catherine. »Es stimmt. Sie hat mir gesagt, sie möchte, dass das Haus in der Familie bleibt. Aber es überfordert mich einfach finanziell. Das Ganze ist viel zu groß, und ich kann es nicht in der Familie halten, weil es keiner haben will. Man steckt so unendlich viel Arbeit rein, und allein die Steuer ist schon zu viel.« Sie wirkte vollkommen überfordert.

»Ich verstehe. Ihr habt das also untereinander besprochen?«

»Ja, das haben wir, aber ich hätte es nie übers Herz gebracht, ihr davon zu erzählen. Sie hatte so schon so viel zu leiden. Ich hatte bis zu ihrem Tod auch noch keine richtige Vorstellung von den Dimensionen. Erst danach habe ich mir wirklich Klarheit über die finanzielle Seite verschafft.«

Es ist immer komisch, wenn die Leute mir Informationen vorenthalten wollen. Ich sehe zwar nicht alle Einzelheiten und durchschaue nicht alle Geheimnisse, aber ich merke es ihnen einfach an. Jetzt fragte ich mich, weshalb Catherine mir nicht gleich reinen Wein eingeschenkt hatte.

»Sehen wir doch zu, ob sie uns die Sache noch weiter erklären kann. Meinst du, das würde etwas bringen?«

»Ich glaube schon, ich bin nur grad so traurig.«

Ich drückte ihre Hand ein wenig und sagte: »Schau mal, wenn das alles seinen richtigen Weg nehmen soll, müssen wir der Sache auf den Grund gehen, sonst spukt sie hier einfach weiter, und es kann zu keiner Lösung kommen. Vielleicht kann sie ja von drüben aus weiterhelfen.« Ich wusste, dass wir mit Mildred in Verbindung bleiben mussten. Sicher hatte sie etwas Klärendes zu sagen.

»Okay«, sagte Catherine und holte tief Luft. »Das klingt gut. Ich bin jetzt bereit. Ich hätte nicht gedacht, dass es so real wird.«

Ich schloss die Augen und konzentrierte mich wieder auf ihre Tante. Mildred trat wieder vor, ich spürte ihren Geist, Schauer liefen mir über den Rücken.

»Sie zeigt mir jemanden, einen Lebenden. Er ist eher klein, Glatze.«

Catherine hob die Schultern. »Dazu fällt mir niemand ein, ich kenne eigentlich keine Männer mit Glatze.«

»Der Name, sagt sie, fängt mit J an, irgendwer in deiner Familie, einer ihrer Enkel.«

»Mit denen hatte sie eigentlich nie viel zu tun. Mal sehen, da haben wir Ann, Pete – ach, natürlich, Jeremy! Ja, der ist eher klein und außerdem kahl.«

»Du sollst dich wegen des Hausverkaufs an ihn wenden.«

Sie nickte. »Jeremy hat mit Immobilien zu tun. Erstaunlich, dass sie mit dieser Idee kommt, aber es stimmt schon, vielleicht ist er interessiert. Ich habe seit Jahren nicht mehr mit ihm gesprochen, aber vielleicht hat sie recht.«

»Es passt ja auch alles irgendwie zusammen«, merkte ich an.

»Das kann man wohl sagen.«

»Dann lass dir von mir raten und sprich ihn wenigstens an. Vielleicht gibt es da etwas, was du noch nicht weißt.«

»Das mache ich, wirklich.«

»Und fühlst du dich jetzt ein bisschen besser?«, fragte ich.

»Ja, ein bisschen. Fangen wir damit an, dann zeigt sich vielleicht etwas.«

Mildred zog ihre Energie nach und nach zurück. Da sie jetzt mit dem durchgedrungen war, was ihr am Herzen lag, konnte sie gehen und ihren Übergang vollziehen. Der Himmel war bedeckt gewesen, und jetzt kam die Sonne heraus.

»Ich werde dein Haus jetzt noch mit Salbei ausräuchern«, kündigte ich an. »So können wir dafür sorgen, dass du hier keine weiteren Scherereien hast.«

Bei dieser Prozedur wird getrockneter Salbei abgebrannt, dessen Inhaltsstoffe das Haus reinigen. Ich mache das bei Klienten, die das Gefühl nicht loswerden, dass fremde Energien in ihrem Haus ihr Unwesen treiben.

Ich begann im Wohnzimmer und räucherte dann im ganzen Haus. Es dauerte Stunden. Gegen Ende visualisierte ich Tante Mildred noch einmal. Sie stand mit verschränkten Armen in einer Ecke des Schlafzimmers.

»Du meinst, so wirst du mich los? Ganz bestimmt nicht. Ich will nicht, dass dieses Haus verkauft wird.«

Ich fragte sie mit provozierend ungläubigem Unterton: »Du willst den Verkauf verhindern und deine Nichte in den Bankrott treiben?«

»Nein gar nicht. Sie braucht nichts zu behalten, was sie sich nicht leisten kann. Aber ich kenne sie natürlich auch. Sie sieht die Dinge nicht klar genug. Dieses Haus bedeutet nicht nur mir sehr viel, sondern ihr auch. Wenn sie es einfach so verscherbelt, wird sie das später bereuen. Ich möchte, dass es als Vermächtnis in der Familie bleibt. Meine Großeltern und Urgroßeltern haben hier schon gelebt!«

Geister sind in aller Regel hilfsbereit, geduldig und liebevoll, und auch bei Tante Mildred gehe ich davon aus, dass sie aus Liebe handelte. Catherine war drauf und dran gewesen, ein Versprechen zu brechen, und da sie ein ehrlicher Mensch ist, hätte ihr das später leidgetan. Es hätte sie deprimiert, und dazu hätte sie noch Gewissensbisse gehabt. Mildred wünschte sich, dass ihre Nichte einfach dem gegebenen Versprechen treu blieb.

Das war nachvollziehbar. »Ich verstehe«, sagte ich. »Wir tun unser Bestes.«

»Darum geht es, mehr nicht«, schloss Mildred.

Das Räuchern mit Salbei schlägt nicht überall gleich gut an. Für Tante Mildred reichte mein spirituelles Tränengas offenbar nicht aus.

Bevor ich wieder abfuhr, vereinbarten Catherine und ich noch, dass wir in Verbindung bleiben würden. Sie hatte sicherlich noch einiges zu tun, aber ich war überzeugt, dass sie jetzt ein gutes Stück weitergekommen war. Zumindest wussten wir grundsätzlich, worum es ging, wenn auch etliche Fragen noch offen blieben. Würde Catherine Jeremy wirklich anrufen? Würde er sich interessiert zeigen und das Anwesen kaufen? Dafür, dass ich ein Hellseher bin, nahm ich viele Fragen mit nach Hause, mehr, als mir lieb waren.

Zwei Wochen später fand ich auf dem Anrufbeantworter in meiner Praxis eine Nachricht von Catherine vor. Sie hatte den Enkel ihrer Tante kontaktiert, und der hatte sich tatsächlich interessiert gezeigt, ihr das Anwesen abzukaufen. Er wusste um die enge Beziehung zwischen Catherine und Mildred und kaufte Haus und Grund nicht als Anlageobjekt. Sie fanden einen Deal, der den Verbleib des Hauses in der Familie sicherte und Catherine nicht weiter zwang, zu bleiben und über ihre Verhältnisse zu leben.

»Es ist also geschafft«, schloss sie. »Alle sind zufrieden, und ich kann mich freuen, dass das Haus in der Familie bleibt, ohne dass ich dafür meine Mittel aufbrauchen muss.«

Zu einem befriedigenden Abschluss kann es für Verstorbene und Hinterbliebene auf mancherlei Weise kommen. Manch einer stirbt, bevor er seine Dinge auf dieser Erde ordnen konnte, und dann ist es an uns, all das nach besten Kräften zu einem Abschluss zu bringen.

Die Geister schreiben uns nichts vor, sie zwingen uns zu nichts, was wir nicht wollen. Manchmal schreiten sie jedoch ein, wenn sie meinen, dass wir bestimmte Dinge besser machen könnten und das auch in unserem eigenen Interesse ist. Das geschieht nicht immer, es kann auch sein, dass wir Fehler machen müssen, um daraus zu lernen. Dann müssen die Toten uns die Freiheit lassen, unsere eigenen Lösungen zu finden.

»Das war's, Leute«

Ich könnte es abstreiten, wenn ich wollte. Ich kann alles
bestreiten, was ich will.

OSCAR WILDE

Mediale Readings können uns mit echten und zutreffen-
den Informationen versorgen, aber wer eine bestimmte
Botschaft empfangen möchte, muss dafür auch aufgeschlossen sein, sonst passiert es leicht, dass wir sie als un-
sinnig oder bedeutungslos ablehnen und abtun. Wir müssen wirklich offen sein, denn sonst hören wir nichts – wie
man ja auch von Musik nicht viel mitbekommt, wenn
man sich die Ohren zuhält. Ein weiterer wichtiger Faktor
ist die Wahl des richtigen Zeitpunkts. Ich bekomme als
Medium oft Botschaften, die ich weiterleiten soll. Aber
wenn der Empfänger bestimmte Dinge nicht hören will
oder noch nicht hören kann, werde ich wahrscheinlich
nicht viel ausrichten. Und schließlich ist mein Metier
keine exakte Wissenschaft oder anders gesagt: Von Zeit
zu Zeit gibt es auch mal Fehlschläge.

Es gibt Leute, für die der Besuch bei Medien ein

Zeitvertreib ist. Da geht man zum Spaß mit der Freundin hin oder schenkt ein Reading zum Geburtstag. Aber solch eine Sitzung kann einiges in Bewegung bringen, und wir sollten bereit sein, das anzunehmen, was dann kommt.

»Es heißt, Sie seien der absolut Beste«, sagte Delores Martin, eine Dreiundsechzigjährige von der Upper East Side, die mit ihren großen Creolen und den mit einem Tuch nach hinten gebundenen Haaren in meiner Praxis saß. An ihrer Halskette hingen etliche selbst gesammelte Vogelfedern, sie trug ein Oberteil aus Goldgewirk und dazu eine Lycra-Hose mit silbernen Kugeln entlang der Seitennähte. Auch ihre Plateauschuhe waren silbern. Vor ihr lag ein Buch, das sie mit hereingebracht und vermutlich bei der Herfahrt in der Bahn gelesen hatte. Es war ein Buch über frühere Leben. Ein Außenstehender hätte denken können, sie sei das Medium, nicht ich in meiner Allerweltshose mit weißem Hemd. Manche kommen als Skeptiker, andere als Überzeugte und Begeisterte. Dolores gehörte wohl eher zu Letzteren.

»Kennen Sie Carmela Johnson? Weißes Haar, ein bisschen stämmig? Und verrückte Klamotten liebt sie.« Delores bearbeitete schmatzend ihren Kaugummi und wühlte in ihrer Handtasche, während sie das fragte.

Lächelnd erwiderte ich: »Ich spreche eigentlich nicht über andere Klienten.«

»Auch egal. Von ihr habe ich jedenfalls Ihre Nummer. Tolle Frau.«

Ich nickte.

»Wissen Sie was, ich kriege manchmal auch so Botschaften, ein bisschen medial bin ich auch.« Den Schluss des Satzes raunte sie geheimnisvoll, beugte sich vor und zwinkerte mir bedeutungsvoll zu.

»Sind wir das nicht alle ein bisschen?«

»Ja, schon, aber ich bekomme auch Sachen, die sehr genau treffen. Es macht mir Spaß, den Leuten zu helfen, und ich hab's auch wirklich drauf.«

Es entstand eine Pause. Ich sah, dass diese Frau nicht ganz leicht zu nehmen sein würde. Nicht dass sie wirklich schwierig wäre, aber vermutlich anstrengend. Nun ja, wer den ganzen Tag mit Leuten zu tun hat, trifft zwangsläufig auch auf anstrengende Zeitgenossen.

»Was führt Sie also zu mir?«, fragte ich, um das Gespräch in Richtung des anstehenden Readings zu lenken. Ich hatte das Gefühl, dass ihre Energie bislang eher zerstreuend wirkte.

Ich stelle im Allgemeinen nicht gern einleitend Fragen nach dem Grund der Konsultation, und Einzelheiten möchte ich schon gar nicht hören. Am liebsten setze ich bei dem an, was von selbst kommt, anstatt den Lauf der Dinge mit Fragen zu dirigieren, schon weil häufig Inhalte zur Sprache kommen, nach denen man nie im Leben fragen würde. Manchmal habe ich den Leuten von gesundheitlichen Dingen, von anstehenden neuen Beziehungen oder Berufswechseln zu berichten, wenn sie noch meinen, sie seien wegen etwas ganz anderem da. Mir scheint auch, dass Medien, die erst einmal einen Haufen Fragen stellen, nicht übermäßig seriös wirken.

»Weshalb ich hier bin?«, dehnte sie versonnen und wiederholte es mehrmals, als müsste sie darüber erst einmal nachdenken.

Eine Minute herrschte Schweigen. Ich wollte Sie weder

antreiben noch überhaupt zu irgendetwas veranlassen. Sie sollte sich in aller Ruhe besinnen können.

»Ich will ganz ehrlich sein«, begann Dolores schließlich. »Ich habe vor Jahren einen Menschen verloren, der mir sehr viel bedeutet hat, und Carmela sagt, Sie seien als Medium wirklich gut. Also, von dieser Person würde ich wirklich gern etwas hören.«

»Das kann ich versuchen«, sagte ich. »Fangen wir an?«

»Ja.«

»Haben Sie es schon mal versucht?«

»Oh, und wie! Ich bin bestimmt schon bei mehr als tausend Medien gewesen – Berühmtheiten, Straßenwahrsager, auch im Ausland. Da ist etwas in einem, das immer weiter suchen will, das immer mehr hören will. Komische Sache, aber wenn man einmal damit anfängt, möchte man immer mehr davon.«

»Na gut«, sagte ich. »Jedenfalls werde ich mir Mühe geben.«

Ich schloss ein paar Sekunden die Augen, um mich auf die geistige Welt einzustimmen. Ich nahm zwei bestimmte Individuen wahr, die Kontakt zu mir suchten, beide männlich, der eine älter, der andere jünger. Innerlich hörte ich den Namen Roger.

»Ich höre den Namen Roger«, sagte ich mit leiser Stimme.

»Das war mein Schwiegervater«, bestätigte Delores. »Ich habe mich jetzt von seinem Sohn getrennt, aber er und ich, wir verstanden uns gut. Ich habe ihn gepflegt, als er starb.«

Ich spürte einen Schmerz im Magen, etwas Tiefes und Schneidendes, wie ich es noch nie erlebt hatte. Es tat richtig weh.

»Bei der Verbindung mit Roger stellen sich schreckliche Magenschmerzen ein«, berichtete ich.

»Ja, er ist an Magenkrebs gestorben. Er hat wirklich einiges an Schmerzen durchgemacht.«

Ich saß noch mit geschlossenen Augen da, und hörte, wie sie etwas aus ihrer Handtasche zog. Es war offenbar ein Notizbuch, jedenfalls hörte ich sie jetzt eifrig schreiben.

Etwas verschob sich jetzt in der Verbindung, sodass ich keine visuellen Eindrücke mehr bekam, sondern innerlich in meinem Kopf etwas hörte. Das muss ich den Leuten meistens erläutern, weil es doch ein wenig seltsam klingt. Ich höre innerlich eine Stimme etwa in der Art, wie Sie vielleicht in der Erinnerung die Stimme eines guten Freundes oder Ihrer Mutter oder auch einen Ihrer Lieblingssongs hören – ein charakteristischer Tonfall und Rhythmus.

Die Stimme in meinem Kopf sagte: »Ich finde es unglaublich, was mit dem Testament passiert ist. Du warst völlig unschuldig.«

Ich gab das Wort für Wort an sie weiter.

»Mein Gott, ja, genau!«, rief sie. »Meine durchgedrehte Schwägerin hat versucht, das Testament zu ändern, und dann wollte sie meinem Mann einreden, ich sei es, die alle hinters Licht zu führen versucht – dabei war sie es. Ich bin froh, dass mein Schwiegervater Bescheid weiß. Sie ist wirklich nicht ganz richtig im Kopf.«

Es entstand eine Pause. Rogers Geist schien ein wenig in den Hintergrund zu treten.

»Da ist noch ein Jüngerer«, sagte Delores. »Bekommen Sie von dem auch etwas?«

Bei diesem jüngeren Mann spürte ich sofort eine ganz andere Energie. Da waren Traurigkeit und etwas Ungelöstes. Delores hatte ernst und leise gefragt, beinahe unsicher.

»Ich bin ihr Sohn«, ließ dieser Geist mich wissen.

»Haben Sie einen Sohn, der gestorben ist?«, fragte ich sie.

»Ja«, sagte sie sehr ernst.

Da jetzt klar war, dass sie einen Sohn in der geistigen Welt hatte, konzentrierte ich mich ganz auf das, was er zu sagen haben mochte. Ich bin immer froh, wenn zuerst sichergestellt werden kann, um wen es sich handelt – durch einen Geburtstag zum Beispiel oder eine Tätowierung oder irgendeine besondere Erinnerung. Diese Bestätigung gibt vor allem meinem Klienten die Gewissheit, dass wirklich die angesprochene Person im Spiel ist, und dann werden auch deren Äußerungen leichter aufgenommen.

»Oswald«, hörte ich leise aus der geistigen Welt. Der Name wurde mehrmals wiederholt.

»Ich höre den Namen Oswald«, teilte ich mit. »Kennen Sie jemanden, der so heißt?«

»Oswald«, wiederholte sie und dachte nach. »Ich kann mich nicht erinnern, ganz bestimmt ist es kein Name, den mein Sohn ins Spiel bringen würde. Machen Sie weiter. Sehen Sie zu, ob Sie etwas Brauchbares bekommen.«

Ein Name sollte eigentlich genügen, aber sie konnte offenbar nichts damit anfangen. Es musste noch etwas anderes her.

»Erzähl mir von einer bestimmten Erinnerung«, forderte ich den Geist auf.

Dann fand ich mich plötzlich an einen mir unbekannten Ort versetzt. Wenn das geschieht und ich innerlich Bilder und Szenen sehe, lässt sich das am ehesten mit Erinnerungen vergleichen. Wenn ich Sie beispielsweise nach Ihrem Schulabschlussball frage, werden Sie sich nicht an absolut jede Einzelheit erinnern, aber bestimmte Dinge stehen Ihnen wahrscheinlich noch klar vor Augen, vielleicht bestimmte Kleidungsstücke oder Farben oder ein bestimmter Song oder ein Augenblick, in dem Ihnen nicht wohl zumute war. Jedenfalls haben Sie nicht den ganzen Ball in chronologischer Ordnung vor Augen.

Zu Delores sagte ich: »Ich möchte Ihnen jetzt einen Ort beschreiben, den ich gerade innerlich sehe. Ich weiß nicht, was es damit auf sich hat, ich beschreibe einfach. Es ist im Freien. Ich sehe eine Bank, auf der etwas geschrieben steht. Rings um die Bank sind Geranien gepflanzt.«

»Das muss an seinem Grab sein. Erst letzte Woche habe ich dort Geranien gepflanzt. Können Sie lesen, was auf der Bank steht?«

»Ich will es versuchen«, sagte ich und versuchte, das Bild scharf zu bekommen. Es verschwamm jedoch immer wieder. »Das war's ... Das war's, Leute?«

»Du lieber Himmel, ja, ganz genau! Das wollte er auf seinem Grab stehen haben. Er hat darüber früher schon immer Witze gemacht. Wir haben natürlich nie geglaubt, dass es damit einmal ernst wird.« Ich hörte, wie sie ein Papiertaschentuch aus der Schachtel zog.

Ihren Worten nach hatte sie schon früher Kontakt zu ihrem verstorbenen Sohn gehabt, aber ein deutliches Gefühl sagte mir, dass es diesmal ganz anders für sie laufen würde. Tiefer. Die Geschichte dieses jungen Mannes enthielt noch viel mehr. Außerdem spürte ich, dass er etwas zurückhielt. Ich wusste auch nicht recht einzuschätzen, wie lange es zurücklag, dass sie andere Medien aufgesucht hatte. Wenn sie ein »Medien-Junkie« war, wie sie sich bezeichnet hatte, konnte man vielleicht damit rechnen, dass viele der bisherigen Readings nicht von höchster Qualität waren. Sie muss im Laufe der Zeit schon viele Fragen gestellt haben, und mir schien, dass sie heute ein paar echte Antworten bekommen würde. Nicht dass ihre früheren Readings völlig gegenstandslos gewesen wären, aber in dieser Sitzung, spürte ich, würde es für sie knüppeldicke kommen.

»Ich muss mit Mama reden«, sagte der Geist. »Ich möchte, dass sie weiß, wie ich wirklich gestorben bin.«

Er wirkte sehr unsicher und zog sich ein wenig zurück. Vielleicht war er doch noch nicht ganz bereit, sich mitzuteilen. Er wirkte irgendwie gebremst.

»Ich glaube, er möchte über seinen Tod mit Ihnen sprechen. Wie er gestorben ist.«

»Gut«, sagte sie, »Ich kann alles hören. Ich weiß zwar, wie er gestorben ist, aber er soll reden können, über was er will.«

Der Geist, den ich innerlich sah, eröffnete mir, sie kenne die Wahrheit nicht, und jetzt sei die Zeit reif für die volle Wahrheit. Plötzlich empfing ich einen Eindruck: Er war an einer Überdosis gestorben. Ich spürte dichte, dunkle Drogenenergie, Kehle und Nase fühlten sich wie zugeschnürt oder verstopft an.

»Ihr Sohn hat … Drogen …«, setzte ich an. »Er ist an einer Überdosis gestorben.«

»Nein, die Todesursache war Nahrungsmittelallergie«, setzte sie sofort dagegen. »Hummer.«

»Na ja, mir sagt er, es sei eine Überdosis gewesen. Er sagt, er sei darauf eingestellt, jetzt mit Ihnen darüber zu sprechen.«

»Mein Sohn ist nie im Leben auf Drogen gewesen«, stellte sie sehr bestimmt fest.

Ich wartete kurz ab.

»Ich gehe noch einmal in den Kontakt«, schlug ich vor, »und wir sehen zu, was sonst noch kommt.«

Wir warteten. Mir lag es daran, die Verbindung tiefer werden zu lassen, um wirklich weitergeben zu können, was dieser Geist sagen wollte.

Innerlich sagte ich zu ihm: »Sag mir, was du ihr mitteilen möchtest. Sag es einfach.«

»Sie hat recht, ich war nie auf Drogen«, hörte ich. »Aber ich habe experimentiert, und es ging schief. Es ist meine Schuld, aber ich muss ihr erzählen, was passiert ist. Ich möchte, dass sie damit abschließen kann.«

»Er sagt mir jetzt, dass …« Weiter kam ich nicht, sie fiel mir ins Wort.

»Nein, jetzt hören Sie mir mal zu, Sie berühmter Hellseher. Mein Sohn hat sein Leben lang keine Drogen genommen. Er hat einen erstklassigen Abschluss an der Yale University gemacht. Er arbeitete in der Finanzbranche, und es war ein Kind unterwegs. Er hat nie Drogen genommen, haben Sie das verstanden?« Ihre Stimme war etwas schrill geworden.

Ich konnte die Augen nicht länger geschlossen halten. »Bleiben Sie bitte ganz ruhig«, sagte ich.

»Erzählen Sie mir nichts vom Ruhigbleiben«, fauchte

sie aufgebracht. »Mein Sohn ist tot, und jetzt stellen Sie ihn als Drogensüchtigen hin. Sie sollten sich schämen. Ich will mein Geld zurück.«

»Ich versichere Ihnen, dass ich nur wiedergebe, was ich höre«, sagte ich, war jetzt aber doch leicht verunsichert. War ich klar genug? Normalerweise sehe und höre ich alles sehr deutlich und habe keinen Anlass, an dem zu zweifeln, was die geistige Welt mir sagen oder über mich ausrichten möchte. Ich musste versuchen, mich noch präziser einzustimmen.

»Wenn ich das glauben soll, brauche ich schon noch ein paar richtige Beweise, schließlich glaube ich seit zehn Jahren, dass er an einem allergischen Schock gestorben ist. Weshalb soll das jetzt geändert werden? Das stimmt doch einfach nicht. Ich glaube, Sie haben einfach einen schlechten Tag.«

Draußen hatte ein leichter Regen eingesetzt, während ich versuchte, die Verbindung neu einzurichten. Die Stimmung im Zimmer änderte sich. War etwas mit diesem Geist nicht in Ordnung? War diese Frau bereit zu hören, was ich zu sagen hatte? Konnte sie es überhaupt verarbeiten oder auch nur aufnehmen? Für manche ist es in ihrer Angst besser, die Dinge einfach auszublenden oder zu leugnen. Vielleicht war es bei ihr so.

Bei medialen Readings ist es wie anderswo auch: Die Menschen glauben das, was sie gern glauben möchten. Hatte Delores vielleicht schon dies und das an Information bekommen und sich alles so zusammengereimt, wie es ihrer Vorstellung nach sein sollte? Vielleicht waren die Dinge, die der Geist ihres Sohns zu sagen hatte, schon früher angedeutet worden, und sie hatte einfach alles überhört oder wegerklärt.

»Regen wir uns nicht weiter auf«, sagte ich zu ihr. »Sehen wir einfach zu, was noch kommt.« Ich hätte gern beruhigend und entspannend auf sie eingewirkt, da ich aus Erfahrung weiß, dass kein richtiger Fluss entsteht, solange die Leute nervös und angespannt sind.

»Was soll schon noch kommen? Das ist doch ein völlig abwegiges Reading.« Sie blickte bei diesen Worten mit finsterem Blick zur Seite. Sie griff nach ihrem Notizblock, riss die Seiten heraus und zerfetzte sie. Mein Puls stieg, auch weil ich ihr Verhalten als ungehörig und beleidigend empfand.

Ich wusste einfach, dass die Worte zutrafen, die ich empfangen hatte. Ich saugte mir da nichts aus den Fingern. Die geistige Welt machte mir ganz bestimmte Mitteilungen, und ich wusste, dass ich sie richtig aufnahm und wiedergab.

»Hören Sie, wir müssen jetzt einfach mal einen Schritt zurücktreten und Ruhe einkehren lassen. Wenn Sie mich anschreien, kann ich nicht so ungezwungen sein, wie ich sein müsste.« Jetzt wurde ich auch ein wenig streng.

Also saßen wir einfach da. Der Regen lief an den Scheiben herunter, eigentlich ein ganz friedliches Bild. Aber irgendwie hatte ich einen richtigen Knoten im Bauch.

»So«, fuhr ich fort, »wenn Sie jetzt hören möchten, was ich Ihnen sagen kann, werde ich es Ihnen sagen. Aber wenn Sie mich weiter anschreien und beleidigen, brechen wir die Sitzung ab, und Sie bekommen Ihr Geld zurück.«

Sie musterte mich höhnisch und sagte: »Das wäre mir sehr recht.«

Das überraschte mich denn doch. Ich habe dieses Angebot auch schon früher manchmal machen müssen,
wenn die Situation allzu verfahren und nur noch frustrierend war. Normalerweise schrecken die Leute dann hoch,
merken, dass sie sich unangemessen verhalten, und besinnen sich. Aber Delores war anscheinend einfach zu aufgebracht.

Ich holte den gezahlten Betrag aus der Brieftasche und
legte das Geld vor sie hin.

»Was für ein Reinfall. Carmela hat Sie wirklich ganz
falsch eingeschätzt«, sagte sie und raffte das Geld an sich.

»Ich glaube, Sie gehen jetzt besser«, sagte ich. Mir wurde
ein wenig mulmig, als müsste ich um meine Sicherheit
besorgt sein.

Sie stürmte aus dem Zimmer und schlug die Tür hinter sich zu.

»Oswald nicht vergessen«, brummte ich ihr nach. Sie
war längst weg.

In den nächsten Wochen fühlte ich mich vom Geist im
Stich gelassen. Weshalb kam der Geist ihres Sohns mit
Eröffnungen daher, die sie eindeutig noch nicht annehmen konnte? Sie wollte das alles nicht hören, es half
ihr auch nicht weiter, und so konnte sie nur einfach das
Weite suchen. Ich kam nicht darüber hinweg. Es verfolgte mich wie die Erinnerung an ein völlig schiefgegan-
genes Date. Ich machte weiterhin meine Readings, aber
irgendwie lustlos. Es fühlte sich an, als hätte mich mein
bester Freund verraten. Ein Vertrauensbruch. War alles
falsch, was ich glaubte und verstanden zu haben glaubte?

Eine Woche nach dieser abgebrochenen Sitzung bekam ich einen Anruf.

Ich meldete mich wie immer mit meinem Namen. Es war Montagmorgen, und ich war früher gekommen, um Bürokram zu erledigen.

»Thomas?«, fragte eine Stimme sehr kleinlaut.

»Ja, der bin ich. Kann ich etwas für Sie tun.« Die Stimme kam mir bekannt vor.

»Hier ist Delores, Thomas. Ich hatte neulich ein Reading bei Ihnen.«

»Ja, ich erinnere mich. Und was gibt es jetzt?«

»Ach, Thomas, ich muss mich entschuldigen. Vor allem tut es mir leid, wie ich mich aufgeführt habe. Ich hätte niemals so mit Ihnen reden dürfen.«

»Ja, ich verstehe.« Und in gewissem Sinne verstand ich tatsächlich. Eigentlich war es sonnenklar: Sie war außerstande gewesen, meine Mitteilungen entgegenzunehmen. Es erschreckte sie, und da sie schon bei so vielen Medien gewesen war, konnte sie es nicht glauben.

»Ich muss Ihnen gestehen, dass manches von dem, was Sie gesagt haben, richtig war. Die letzte Woche war ein einziger Wirbel, aber es haben sich ein paar wirklich ungewöhnliche Sachen herausgestellt. Darüber würde ich gern mit Ihnen reden. Wären Sie bereit?«

Ich dachte nach. Offensichtlich war es ihr ernst mit der Entschuldigung. Wie hätte ich ihr die Chance verweigern können, sich von ihrem Sohn sagen zu lassen, was wirklich vorgefallen war.

»Na klar«, sagte ich mit einem Blick auf meinen Terminplan. »Können Sie nächsten Montag um zehn?«

»Es wird sich einrichten lassen«, antwortete sie.

* * *

Als ich die Tür zum Wartezimmer öffnete, saß Delores nervös und Nägel kauend da und las in der Zeitung, die sie aber sofort hinlegte.

Sie war im gleichen Stil gekleidet wie in der Vorwoche, auch wieder mit ausladenden Creolen und schweren goldenen Armreifen und Ringen – je zwei oder drei an beiden Zeige- und Mittelfingern. Sie trug einen dunklen Hosenanzug. Ihre Bluse war an diesem Tag etwas tiefer ausgeschnitten, sodass ein datiertes Tauben-Tattoo sichtbar wurde.

Meine Arbeit hat mir klar vor Augen geführt, dass Einfühlungsvermögen schmerzhaft sein kann, während Mitgefühl immer heilend wirkt. Einfühlungsvermögen nimmt uns völlig gefangen, es hat etwas Verzehrendes und kann uns mit der Zeit aushöhlen, ja sogar umbringen. Es macht uns zunehmend blind für unsere eigenen Gefühlsregungen und zwingt uns die Emotionen anderer auf. Auch im Mitgefühl lassen wir uns ein, aber es bleibt eine gewisse Distanz erhalten. So können wir anderen als Heiler, Helfer, Lehrer oder einfach als Mensch am besten helfen.

Delores war jetzt in einer ganz anderen Gemütsverfassung. Sie wollte wirklich hören, was ich an Mitteilungen von drüben empfing. Sie wollte mich nicht mehr beurteilen, sie wollte Heilung finden und ihren Weg fortsetzen.

»Ich möchte mich bei Ihnen entschuldigen«, begann sie. »Ich habe mich ganz falsch verhalten. Sie wollten mir helfen, der Geist wollte mir helfen, und ich habe das alles abgewehrt.«

»Es war mein Fehler«, beruhigte ich sie. »Ich bin zu schnell vorgegangen, ich hätte wissen müssen, dass Sie Zeit brauchen, das alles zu verdauen. Aber so ist es eben:

Wenn etwas kommt, dann oft schnell und alles auf einmal.« Ich empfand es wirklich so, ich hätte merken müssen, dass sie noch nicht hören konnte, was ich mitzuteilen hatte.

»Jedenfalls stimmte das, was Sie mir gesagt haben. Erinnern Sie sich, dass Sie mir den Namen Oswald genannt haben?«

Ich überlegte kurz und sagte: »Ja, ich erinnere mich, wenn auch nicht sehr deutlich.« Ich präge mir meist keine Einzelheiten ein, aber in diesem Fall erinnerte ich mich, weil Oswald ein etwas ungewöhnlicher Name ist.

»Also, mir selbst war der Name eigentlich unbekannt, aber zu Hause fiel mir ein, dass mein Sohn einen Freund hatte, der so hieß. Nach einigen Anrufen stellte sich heraus, dass mein Sohn vor seinem Tod zuletzt mit Oswald zusammen gewesen war. Ich habe ihn nach vielem Hin und Her schließlich aufgespürt, und wir waren dann zusammen was essen. Alles in allem hat er Ihre Worte bestätigt. Mein Sohn war nicht drogensüchtig, deshalb war ich so schockiert, als Sie das sagten, aber er hat …« Ihr kamen die Tränen, und die Stimme brach.

Mühsam die Tränen unterdrückend fuhr sie fort: »Er hat an dem Tag versuchsweise etwas genommen, und es ging wohl nicht gut für ihn aus.«

»Ach, das tut mir wirklich leid«, versicherte ich ihr, auch ein wenig erstaunt, sie so direkt darüber sprechen zu hören. Lange hatte ich gedacht, sie würde nie wieder auftauchen, und jetzt saß sie da und bestätigte die Richtigkeit meiner Worte.

»Es geht schon«, antwortete sie. »Ich war traurig, aber jetzt bin ich eigentlich ganz in Frieden damit. Ich bin nur froh, dass ich endlich die Wahrheit kenne. Ich musste einfach mit dem Ganzen ins Reine kommen, und vielleicht habe ich immer schon geahnt, dass da irgendetwas nicht stimmte.«

»Sie mussten es wohl von Ihrem Sohn hören, als Bestätigung.«

»Ja. Ich wollte es einfach nicht glauben. Und jetzt – jetzt fehlt er mir zwar, und ich bin gar nicht froh über seine Drogenexperimente, aber ich bin auch sicher, dass es ein Unfall und nicht beabsichtigt war.«

So sah ich es auch. »Ja, es war keine Absicht.«

Vor manchen unbequemen Wahrheiten können wir weglaufen, andere stellen uns nach. Manche Botschaften heilen, andere sagen einfach die volle Wahrheit. Manchmal kommt es darauf an, wirklich alles zu hören, auch die beklemmenden und vielleicht beschämenden Details. Man kann sich eine Weile blind und taub stellen, aber nicht für immer. Es wirkt mit der Zeit verstörend. Manchmal kann das Wissen um die genauen Todesumstände eine Heilung einleiten, die uns erlaubt, endlich richtig um den geliebten Menschen zu trauern.

Delores kannte also jetzt die Wahrheit über den Tod ihres Sohns. Es war sicherlich nicht das, was sie ursprünglich hatte hören wollen, aber Wahrheit befreit, und das ist nicht nur eine Redensart. Vielleicht hatte sie in der Tiefe immer schon gewusst, dass hier etwas nicht so war, wie sie annahm. Jetzt jedenfalls war sie bereit weiterzugehen.

Ein rätselhafter Tod

In einer Familie verbindet sich Geist mit Geist,
und wo diese einander lieben, ist das Heim schön
wie ein Blumengarten. Sind sie jedoch uneins
untereinander, ist es wie ein Sturm, der den Garten
verwüstet.

BUDDHA

Um kurz nach sieben riss mich das Telefon aus dem
Schlaf. Es war Samstag früh, ich hatte vergessen, die Weiterleitung von Praxis-Anrufen auszuschalten. Ich fühlte
mich übernächtigt und lag mit nichts als Brille und
schwarzen Boxershorts am Leib auf dem Sofa. Beim
zweiten Rufton warf ich einen Blick auf die Nummer,
beim dritten nahm ich ab – warum, das weiß ich nicht
so genau.

»Thomas … John«, meldete ich mich. Zwischen Vor-
und Nachnamen musste ich mich räuspern.

»Oh, hallo«, meldete sich eine hocherfreut klingende
Frauenstimme. Sie hatte wohl eher mit dem Anrufbeantworter gerechnet. »Ist da Thomas John?« Jetzt war es ihr
wohl doch ein wenig unangenehm, dass sie in aller Herrgottsfrühe anrief.

»Ja, der bin ich«, antwortete ich ganz freundlich, um sie zu beruhigen.

»Hi, ich heiße Daisy Deveraux, ich habe Sie im Internet gefunden.«

»Und was kann ich für Sie tun?«, fragte ich, aber eigentlich mehr der Form halber, denn ich spürte bereits eine bestimmte Energie, die Energie eines verstorbenen jüngeren Menschen. Vor mir blitzte kurz das Bild eines Seils auf. Oh, es war einfach zu früh für so etwas. Weshalb hatte ich bloß abgenommen?

»Mein Sohn ist gestern gestorben. Nein, es war vor drei Tagen, aber es fühlt sich an wie gestern. Ich brauche ein Reading. Ich muss einfach wissen, dass es ihm gut geht, und ich selbst muss mit seinem Tod ins Reine kommen.«

Auffallend fand ich, dass sie das alles mit einer gewissen Munterkeit sagte. Ihr ganzer Tonfall hatte etwas Selbstbewusstes und Gewisses.

»Ich schaue mal in meinen Terminkalender. Meistens bin ich ziemlich weit im Voraus ausgebucht, aber vielleicht findet sich ja etwas.« Ich langte nach meinem auf dem Couchtisch liegenden Planer. »Ah, hier, wie es der Zufall will, habe ich eine Terminabsage, Dienstagvormittag zehn Uhr. Möchten Sie den Termin? Wenn nicht, müssen Sie wahrscheinlich eine Weile warten.«

»Geht Viertel vor elf auch?«, fragte sie.

»Nein, ich habe um Viertel nach elf den nächsten Termin, und Sie sollten schon eine Stunde einplanen, wenn Sie wirklich etwas erfahren möchten.«

»Dann verschiebe ich etwas anderes. Ich habe da einen Maniküretermin, aber den kann ich verlegen.«

Ich sprach meine Verwunderung über diese merkwürdige Antwort nicht aus. Nägel feilen oder mit dem toten Sohn sprechen – muss man da wirklich abwägen?

* * *

Am Dienstagmorgen fand ich weder meine Schlüssel noch die Steuerunterlagen, die ich für eine Besprechung mit meinem Steuerberater am Abend brauchte. Am Vorabend war ich bei einer Wohltätigkeitsveranstaltung gewesen und hatte mich danach nicht mehr überwinden können, alles Notwendige zusammenzusuchen. Jetzt jedenfalls fand ich nichts, aber nach einer Stunde vergeblichen Wühlens stieß ich schließlich doch auf das, was ich brauchte. Für meinen ersten Termin in der Praxis nahm ich ein Taxi, aber auch hier klemmte es, überall Stau, Stau, Stau. Gab es da vielleicht etwas, was gegen diese Verabredung war? Sollte diese Frau kein Reading bekommen? Alles wirkte so beschwerlich und schwierig. Irgendwie schaffte ich es dann doch mit nur wenigen Minuten Verspätung und rannte zum Aufzug. Als oben die Tür aufglitt, stand sie da.

»Ich bin zu spät, tut mir leid«, sagte ich. Sie trug eine übergroße Sonnenbrille und hatte das blonde Haar zu einem festen Knoten gebunden, das schulterfreie Oberteil mit Blumenmuster war passend zu ihrem Rock gewählt. Sie war groß, schlank und sonnengebräunt, die Zähne blitzend weiß. Sie lächelte mich an, wie man vielleicht die Haushaltshilfe begrüßt, wenn man vorhat, ihr einen Berg Schmutzwäsche und eine verwüstete Küche anzuvertrauen. Sie trug sehr wenig Make-up, eigentlich

195

nur Lipgloss. Innerlich stutzte ich, sie wirkte viel zu aufgeräumt für eine Mutter, die gerade erst ihren Sohn verloren hatte. Sie hätte ein Filmstar sein können.

»Das macht doch nichts«, sagte sie. »Ich bin nur einfach sehr gespannt.«

Ich zeigte ihr das Wartezimmer und ging in meinen Praxisraum. lud meinen Kaffee, den iPod und meine Aktentasche ab. Ich meditierte kurz und ging dann zur Wartezimmertür, um meine Klientin richtig zu begrüßen. Unterwegs musste ich stehen bleiben. Ein Geist erschien, ein junger Mann, ich sah ihn ganz deutlich – braunes Haar, dichte Augenbrauen, rundes Gesicht, zwangslose Kleidung bestehend aus Flanellhemd und Jeans. Ich drehte mich um, im ersten Moment dachte ich, es wäre ein lebendiger Mensch anwesend.

»Ich bin tot«, sagte er.

»Ja, das bist du. Alles gut so weit?«

»So gut, wie es für einen Toten sein kann«, feixte er.

Ich erwiderte nichts.

»Ja. Aber für sie ist es nicht gut«, fügte er hinzu.

»Ich will gerade anfangen«, sagte ich. »Warte hier.« Es störte mich, dass er schon da war. Eine meiner Abmachungen mit der geistigen Welt besagt, dass man auf keinen Fall vor dem Beginn eines Readings auftaucht. »Weshalb bist du überhaupt vorzeitig da?«

»Bin ich nicht. Du bist zu spät dran. Es ist auch mein erster Auftritt.«

Ich wandte mich ab. Mir war klar, ich durfte mich jetzt nicht weiter auf ihn einlassen, sonst würde er mir alle Energie abziehen, und die brauchte ich für das anstehende Reading. Ich zündete eine Kerze auf dem Tisch an, sprach ein kurzes Schutzgebet und ging zur Wartezimmertür.

»Kommen Sie doch herein«, forderte ich meine Klientin auf.

Daisy Deveraux nahm im Praxisraum Platz und sagte gleich: »Ich will nur wissen, dass es ihm gut geht, sonst nichts.«

»Ja, ich verstehe. Erst einmal möchte ich Ihnen erzählen, wie ich arbeite. Ich werde versuchen, mit Ihrem Sohn in Verbindung zu treten. Ich kann nicht versprechen, dass ich ihn empfangen kann, und manchmal melden sich auch andere Geister. Wichtig ist, dass Sie hier einen gewissen Respekt wahren. Sollte Ihr Sohn sich melden …« Ein plötzliches lautes Knirschen aus Richtung des Heizkörpers unterbrach mich. »Also, für den Fall, dass ich Ihren Sohn empfangen kann, wird er wahrscheinlich mit Erinnerungen, Namen, Daten und so weiter unter Beweis stellen, dass er es wirklich ist. Vielleicht ist auch nicht alles sofort verständlich, deshalb rate ich Ihnen, sich alles aufzuschreiben, was Sie nicht vergessen wollen.«

Sie nickte stumm.

Es wurde kühl und frisch im Zimmer. Es ist oft so, dass die Temperatur merklich abfällt, wenn ein Geist zugegen ist. Die Haare an meinen Armen stellten sich auf, und dann war auch schon die Anwesenheit einer männlichen Energie zu spüren. Ich kann männliche und weibliche Energien leicht unterschieden, sie fühlen sich ganz verschieden an. Männliche Energie ist dunkler und schwerer, aber auch weit und tief. Sie braucht irgendwie mehr Raum und hat etwas von dichtem Dampf wie in der Sauna – man bekommt kaum Luft. Die ätherische Gestalt dieses

Geistes war unmittelbar vor mir, als drängte er sich an mich. Die Heizung knarrte wieder.

»Ist er das?«, fragte Daisy.

»Das weiß ich nicht«, gab ich zurück.

Dann vermittelte sich etwas, und ich gab es gleich weiter: »Vor allem möchte Ihr Sohn Sie wissen lassen, dass es ihm gut geht. Er hat seine Großmutter gefunden. P? Paula?«

»Paulette! Meine Mutter! Gott sei Dank!« Sie atmete tief auf. »Geht es ihm gut, Tom? Wird alles gut für ihn? Findet er in den Himmel?« Ihre Fragen hatten etwas Drängendes.

»Wer ist Jason?«, fragte ich. Es war nicht so, dass ich nicht auf ihre Fragen eingehen wollte, ich erhielt einfach weitere Informationen, und die kann ich normalerweise nicht einfach zurückstellen.

»Nicht Jason – Justin.«

»Bleiben Sie bitte bei dem, was ich sage«, antwortete ich sofort. »Ich bin das Medium. Lassen Sie mich erzählen.«

Ich ging wieder in die Szene. »Ich sehe Jason. Er ist mit Jason zusammen.«

»Jason … Jason ….« Sie forschte offenbar in ihrem Gedächtnis. Sie schloss die Augen. Sie zuckten ein wenig. Dann griff sie sich an die Stirn. »Jason! Ach du meine Güte, das ist der kleine Cousin. Wieso ich darauf nicht gekommen bin! Er ist vor drei Jahren an Krebs gestorben. Das waren keine engen Verwandtschaftsbeziehungen, er war der Sohn der Schwester meiner Schwägerin. Aber Justin und er waren viel zusammen. Er hat ihn Daddy genannt.«

Das schien alles zusammenzupassen, sodass ich schnell weitergehen konnte: »Weshalb sehe ich KitKat-Riegel?«

»Ah, die mochte Justin am liebsten! Immer diese Riegel. Sagen Sie ihm, dass ich ihm einen in den Sarg gelegt habe. Ach, Junge, ich hab dich so lieb, Justin.« Ihre Stimme wurde ganz weich und leise. Dann fragte sie: »Hört er mich?«

Ich versuche, bei dem zu bleiben, was ich weiß. Ich mag manches spüren und ahnen, aber so richtig weiß ich es eigentlich nicht.

»Jetzt sehe ich …« Ich versuchte für mich zu klären, was ich da sah, etwas in Rot und Braun – und derweil kritzelte sie ununterbrochen. Ich fragte mich, was sie da alles zu schreiben habe, schließlich hatte ich bisher nur zwei Namen genannt und ein paar Sätze zitiert.

»Spucken Sie es schon aus«, sagte Daisy und bedauerte die Bemerkung sofort. »Sorry.«

»Schon gut, ich kann Sie verstehen.« Ich nahm es ihr tatsächlich nicht übel. Mir war jetzt klar, dass ihr Sohn sich erhängt hatte. Da durfte sie sich ruhig einmal im Ton vergreifen.

»Er zeigt mir immer wieder dieses Seil. Er sagt, dass er ein Springseil benutzt hat und dass es ihm um die Lampe leidtut.«

»Ja, er hing an der …« Weiter kam sie nicht. Sie stieß den lautesten Schrei aus, den ich je gehört hatte, einen lang gezogenen Klagelaut wie von einer Walfischmutter, die in den Tiefen des Meeres ihr Kalb sucht. Wer Eltern verliert, ist Halb- oder Vollwaise, bei Verlust des Ehepartners ist man Witwe oder Witwer, aber wer ein Kind verliert, für den gibt es keine Bezeichnung. Der Schmerz ist zu groß, er lässt sich nicht in einem Wort unterbringen.

»Ich bin schuld«, sagte Daisy.

Der Geist neben mir hatte etwas zu sagen: »Da ist zwar was dran, ich habe jahrelang auf Hilfe gewartet. Aber sie konnte nicht sehen, was mit mir war. Sie kann nichts dafür. Sag ihr, sie soll sich keine Vorwürfe machen.«

Ich übersetzte: »Er sagt, es sei teilweise so gewesen, er habe Ihnen signalisiert, dass er Hilfe brauchte. Aber er wirft Ihnen nichts vor.«

»Einmal, da war er sechzehn, hat er angefangen mit dem …« Während Sie sprach, flackerte plötzlich das Bild eines Stäbchens Heißkleber in mir auf.

»… mit dem Leimschnüffeln!«, platzte ich heraus.

Sie sah mich groß an und bestätigte: »Ja, das war es.«

Dann wieder der Geist, drängend: »Sag ihr, sie muss auf der Erde bleiben. Sie kann jetzt noch nicht bei mir sein.«

»Ihr Sohn sagt, Sie gehören auf die Erde. Sie wollen doch nicht weg hier?« Mahnend fügte ich hinzu: »Machen Sie keine Dummheiten.«

»Macht er sich deswegen Sorgen?«, fragte sie verblüfft.

»Jeder hat sein Schicksal selbst in der Hand«, stellte der Geist fest.

An Daisy gab ich weiter: »Er sagt, dass wir selbst über unser Schicksal bestimmen.«

»Ja«, gab sie leise zurück.

»Haben Sie ein Foto von ihm dabei? Er sagt, Sie hätten eins mitgebracht.«

»Ja, das habe ich«, nickte sie und brach in Tränen aus. »Entschuldigen Sie, aber das ist alles ein bisschen viel.«

Ich stellte die Papiertücher in ihre Reichweite. »Es ist völlig normal, in so einer Situation zu weinen. Lassen Sie es einfach zu. Und keine Sorge, die Toten haben nichts vor. Lassen Sie sich ruhig Zeit.«

Ich wollte sie auf keinen Fall drängen, und andererseits bekam ich weitere Mitteilungen, die ich nicht ungenutzt lassen wollte, also berichtete ich weiter: »Ist es ein Bild von ihm auf der Schaukel?« Ein entsprechendes Bild blitzte auf, ich hörte sogar Kinderlachen.

»Ja. O Gott, Tom, ist alles gut mit ihm, ich muss es wissen«, flüsterte sie mehr, als dass sie es sagte.

»Er macht seinen Übergang, alles wird gut, er ist genau da, wo er zu sein hat. Es ging alles sehr schnell, machen Sie sich wegen der Schmerzen keine Gedanken.«

»Ja, das beschäftigt mich sehr«, räumte sie ein.

»Er möchte, dass Sie die schlimmen Phasen des Familienlebens hinter sich lassen, die ganzen Dramen, die Scheidung. Es gibt nichts, was er ihnen nicht verzeiht.«

Sie nickte.

Die Sitzung endete mit ein paar weiteren bestätigenden Einzelheiten. Am Schluss breitete sich etwas Tröstliches aus, und das Tempo nahm ab. Justin zog seine Energie ein wenig zurück und trat nicht mehr so beherrschend auf.

»Die Verbindung wird schwächer«, sagte ich und spürte auch schon, wie es wieder wärmer im Zimmer wurde.

Irgendwann merkte ich, dass ich etwas brauchte, um mich zu stabilisieren. Zu dem Zweck habe ich immer einen Müsliriegel im Rucksack. Davon biss ich jetzt ab. Gleich darauf spürte ich, wie mein Gesicht ein wenig wärmer wurde. Schauer liefen mir über den Rücken. Bei einem Reading bin ich so intensiv mit der anderen Seite verbunden, dass es mich auch Lebenskraft kostet. Es kann sein, dass ich mich fühle, als würde ich die Erde verlassen. Der Zucker puscht mich nicht nur wieder hoch, sondern sorgt auch dafür, dass sich Geist und Körper wieder ganz verbinden.

Ich war gerade fertig mit meinem Ohnmachtshappen, als Justin noch etwas mitteilte: »Sag meiner Mutter, dass sie sich mehr um sich selbst sorgen soll als um mich.«

Ich gab das weiter, und Daisy nickte wieder. Auch ihm ging es jetzt besser, er konnte sich wieder von uns lösen. Wir würden bleiben und zusehen, wie wir in unser Leben zurückfinden. Wir sahen einander an. Sie wischte sich das Gesicht, mir stand der Schweiß auf der Stirn. Wir saßen noch ein Weilchen zusammen da, es war alles sehr sonderbar – diese leichte Befangenheit, die sich vor allem nach gelungenen Readings einstellt. Das Ganze hatte eine große Nähe entstehen lassen, und die kosteten wir noch einige Augenblicke aus.

»Danke für alles, was Sie getan haben – und so kurzfristig.«

»Es ist mir ein Vergnügen – und mein Job«, lächelte ich.

»Danke, jetzt kann ich glauben, dass Justin gut aufgehoben ist.« Sie schwieg einen Augenblick. »Kann ich Sie noch etwas fragen?«

Ich nickte.

»Wenn ich einmal gehe, ist er dann da?«

»Ja, Sie werden ihn treffen. Er wird Sie drüben begrüßen.«

»Darauf muss ich wohl noch warten. Aber es klingt gut.« In ihrem Blick war etwas beinahe Sehnsüchtiges. Dann plötzlich: »Darf ich Sie umarmen?«

»Na klar.«

* * *

Freitags gehe ich meist spät in meine Praxis, erst so gegen elf. Umso mehr überraschte es mich, als um Viertel vor zehn ein Anruf meiner Assistentin kam. Ich hatte auf dem Laufband eben meine dritte Meile begonnen (ich sehe immer zu, dass ich mich am Morgen ein bisschen bewege).

»Die Polizei sucht nach dir«, flüsterte sie. »Sie sind hier, sie wollen irgendwas von dir.«

»Von mir?«, fragte ich. Alle möglichen Gedanken schossen mir durch den Kopf.

»Ja, sie sagen, es ginge um eine Klientin. Mehr wollten sie nicht sagen.«

»Ich komme, sobald ich kann. Jetzt bin ich noch im Fitnessstudio. Das kann schon eine Stunde dauern.« Dann besann ich mich. »Spinnst du?«, sagte ich mir. »Die Bullen sind bei dir in der Praxis.«

»Also, ich glaube wirklich …«, setzte Kelly an.

»Schon gut, natürlich, ich komme.« Ich stellte das Laufband ab und lief in meinen Trainingssachen auf die Straße, wo ich ein Taxi anhielt. Dann lief ich auch schon durch die Vorhalle des Bürogebäudes, in dem ich meine Praxis habe, den Kopf voller sich überstürzender Gedanken. Ich versuchte, mir ein Bild der Szene zu machen, die mich oben erwartete, schließlich bin ich Hellseher und Medium. Aber so ist das in diesem Job, man bekommt kaum je etwas zur eigenen Situation geliefert, und schon gar nicht auf Kommando. Man ist einfach zu nah am Geschehen, und die eigenen Gefühlsreaktionen wirken sich hinderlich aus: Wenn es um das eigene Leben geht, dringt der immer vorhandene Strom übersinnlicher Informationen vor lauter Aufregung nicht mehr zu einem durch. Man darf das wohl als Ironie des Schicksals bezeichnen.

Im Wartezimmer meiner Praxis im sechzehnten Stockwerk warteten zwei Kriminalbeamte in Zivil auf mich. Würde im Polizeidienst ein »ungleiches Paar des Jahres« gekürt, wäre an diesen beiden nicht vorbeizukommen. Der Kontrast hätte wirklich größer nicht sein können. Der Jüngere war ein Hüne, groß, muskulös tätowiert, energisches Kinn, Sonnenbrille. Der andere war klein und rundlich, er wirkte blass und etwas ungepflegt. Es stand offenbar wieder mal eine Begegnung der seltsamen Art bevor, wie sie in meinem Metier nicht gerade selten vorkommt.

Die beiden standen auf, als ich auf sie zuging, mich vorstellte und zum Gruß die Hand ausstreckte.

»Hi, ich bin Detective Caprini«, sagte der Kleinere beim Händedruck, »und das hier ist Detective Mulligan.« Dabei deutete er auf die beeindruckende Gestalt zu seiner Linken. »Also, Sie haben sicher keine Ahnung, um was es geht. Sie können aber ganz ruhig sein, Sie stehen nicht unter Verdacht. Wir werden die Sache so einfach wie möglich halten, für Sie und für uns.« Er deutete auf die Tür zu meiner Praxis und fragte: »Können wir ungestört miteinander reden?«

»Ja, sicher, kommen Sie.« Ich ging voraus. »Bitte, nehmen Sie doch Platz«, sagte ich drinnen und deutete auf die Couch, wo normalerweise meine Klienten sitzen. Dabei überlegte ich auch kurz, wem ich wohl diesen Besuch zu verdanken hatte. Als wir uns setzten, fragte ich die beiden: »Kann ich Ihnen einen Kaffee anbieten oder Tee oder vielleicht ein Glas Wasser?« Sie wirkten einer müder als der andere und bejahten sofort. Ich drückte auf den Knopf der Wechselsprechanlage und sagte: »Kannst du bitte zwei Kaffee für die beiden Herren bringen?«

Caprini begann: »Also, ich will direkt zur Sache kommen. Daisy Deveraux ist tot.« Er sah mich lange an, um meine Reaktion zu erforschen. Dann ging die Tür auf und Kelly kam mit einem Tablett herein. Sie platzierte Zucker und Sahne in der Mitte des Kaffeetischs und stellte dann beiden einen Kaffee hin.

»Kann ich sonst noch etwas tun?«, fragte sie, und als ich den Kopf schüttelte, ging sie wieder nach nebenan und schloss leise die Tür.

Mulligan zog ein kleines Notizbuch mit untypisch geschmackvollem Mont-Blanc-Kugelschreiber aus der Innentasche seiner schwarzen Uniformjacke und schloss an: »Es ist nämlich so, dass Ihre Telefonnummer eine der letzten auf ihrem Handy ist. Sie hatte am vergangenen Dienstag einen Termin bei Ihnen, richtig?«

»Ja. Ja, das war am Dienstag. Ich kannte Daisy Deveraux erst seit letztem Samstag, als sie telefonisch wegen eines Termins anfragte. Zum Glück konnte ich sie gleich unterbringen, weil ich eine Terminabsage hatte.« Ich versuchte, die Umstände möglichst knapp und präzise darzustellen, und zugleich beschäftigte mich natürlich die Frage, was um Himmels willen vorgefallen war.

Mein fragender Gesichtsausdruck veranlasste Caprini, sofort auf diese Frage einzugehen: »Sie hat sich erhängt. Schrecklicher Anblick. Wir sind ab drei Uhr heute Morgen in ihrem Penthaus gewesen. Es ist eindeutig Selbstmord, aber die Schwester möchte die Sache nach allen Regeln der Kunst aufgeklärt haben …«

»… und deshalb müssen wir wissen, wo Frau Deveraux in dieser Woche überall war«, fiel ihm Mulligan etwas unmotiviert ins Wort. »War sie hier, um mit Ihnen über den Tod ihres Sohns zu sprechen?«

»Sie ist tot?«, fragte ich entgeistert. Die Nachricht kam erst jetzt ganz bei mir an.

»Ja«, sagte der Kleinere der beiden und warf dem anderen einen Blick zu.

Ich berichtete: »Ja, wir haben über ihren Sohn gesprochen. Er war ein paar Tage vor ihrem Anruf gestorben, und sie wollte unbedingt von ihm hören. Das Gespräch dauerte ungefähr eine Stunde, und nach meinem Eindruck hat es ihr sehr viel gegeben.«

»Sie haben mit ihrem Sohn gesprochen?«, fragte Caprini nach.

»Ja, ich habe ihn gechannelt, und es kam zu einem Austausch. Ich bin Medium, und darin besteht meine Arbeit: mit Toten sprechen.«

Er spitzte die Lippen und gab einen leisen Schmatzlaut von sich. Der andere sah mich an, dann nestelte er an seiner Flaggen-Anstecknadel. Schließlich sagte er: »Geben Sie uns eine Vorstellung von Ihrer Arbeit.«

»Ich spreche mit den Geistern Verstorbener. Die Menschen selbst sind nicht mehr da, aber ihr Geist ist es.«

Caprini schrieb eilig und mit kraus gezogener Nase.

»Es gibt Leute, die das können«, befand Mulligan.

Der Kleinere hörte auf zu schreiben und warf ihm einen irritierten Blick zu.

»Doch, die gibt es«, bekräftigte der andere.

»Wirkte sie verzweifelt, verstört, verärgert?«, wollte Caprini jetzt wissen.

»Nein, sie war erleichtert. Wir hatten Verbindung zu ihrem Sohn, ich konnte ihr eine Menge sagen, sie war ganz zufrieden. Sie verhielt sich auch anders – wie soll ich sagen, sie machte insgesamt einen besseren Eindruck. Sie sah sogar besser aus. Nein, sie war bestimmt nicht verstört, als sie ging.« Mir fiel auf, dass ich in beinahe beschwörendem Tonfall sprach.

»Sie hatten also keinen Anlass, mit so etwas zu rechnen?«, fragte jetzt der Größere.

Ich schwieg. Bisher hatte es so ausgesehen, als stünde Mulligan eher auf meiner Seite, aber diese Frage erschien mir jetzt bedenklich. Vielleicht hatte er sich seine eigene Deutung zurechtgelegt: Frau kommt zum Reading. Frau bekommt Reading. Medium sagt, Frau sei anschließend äußerlich und innerlich in guter Verfassung gewesen. Frau bringt sich um. Medium ist mitschuldig (und kann, nebenbei bemerkt, gar kein so gutes Medium sein).

»Also?«, sagte Caprini mit dem Anflug eines höhnischen Lächelns.

Ich ließ mich auf nichts ein, ich überging die Frage.

»Sie hören von uns«, sagte Caprini, drückte mir seine Karte in die Hand und wandte sich zur Tür. »Komm, Mulligan, wir gehen.«

Der Große erhob sich und folgte ihm, ohne mich noch einmal anzusehen.

Als sich die Aufzugtür hinter ihnen schloss, jagten sich in meinem Kopf bereits die Gedanken. Man hatte mich reingelegt. War das ein schlechter Witz, eine Nummer der besonders geschmacklosen Art? Zum Hellseher gehen, sich das Leben nach dem Tod vorführen lassen, um dann in selbiges einzugehen? Ich war aufgebracht, wütend, gekränkt. Ich fühlte mich gedemütigt. Daisy hatte gesagt, sie empfinde die Botschaften von drüben als beruhigend und tröstlich. Nach dem Moralkodex, den ich mir in all den Jahren dieser Tätigkeit erarbeitet habe, hatte ich alles richtig gemacht.

Daisy war beim Betreten meiner Praxis anfangs schweigsam gewesen, sie hatte etwas steif und gehemmt gewirkt. Du lieber Himmel, sie konnte ja kaum atmen vor lauter Anspannung! Am Schluss hatte ihr Schritt etwas Federndes, ihr Körper schien zu seiner natürlichen Geschmeidigkeit zurückgefunden zu haben. Als sie meine Praxis verließ, schien sie Frieden gefunden haben, bereit zu würdiger Trauer um ihren Sohn. Meine Arbeit hatte gute Ergebnisse erbracht. Sie ließ so schwere und finstere Energien in meiner Praxis zurück, dass ich nicht einmal, sondern zweimal räuchern musste, aber ich war auch froh, dass diese Energien jetzt von ihr genommen waren und ihre Last leichter wurde. Wie konnte sie mich derart hintergehen? Oder war *mir* etwas entgangen? War ich so sehr auf das Übermitteln von Mitteilungen über Schaukelfotos und dergleichen aus gewesen, dass ich ihre Hilferufe genauso überhört hatte wie sie über Jahre die vorsichtigen Andeutungen ihres Sohns?

Kurz hielt ich das Allerschlimmste für möglich: dass ich sie über den Rand geschubst hatte. War mein Reading für Daisy so überzeugend ausgefallen, dass sie beschloss, zu ihrem Sohn auf der anderen Seite zu gehen? Hatte ich sie in Versuchung geführt? Vielleicht dachte sie: »Wenn Justin drüben angekommen ist und sogar von dort aus mit mir sprechen kann, obwohl er sein Leben selbst beendet hat, dann sollte es mir doch auch möglich sein.«

Ein Rumoren aus dem Bauch und dazu heftiger Schmerz holten mich aus diesen Überlegungen heraus. Ich fühlte mich schwach und elend, kalter Schweiß trat mir auf die Stirn. Ich rannte zum Bad und konnte gerade noch die Tür aufstoßen, bevor ich mich erbrach.

Ich sagte alle Termine für diesen Tag ab. Heute noch Readings machen? Undenkbar! Zum Glück hatte ich für das Wochenende nichts geplant. Ich musste allein sein, nachdenken, mir etwas überlegen. Ich verließ meine Wohnung das ganze Wochenende nicht. Ich war tief verunsichert, aber auch sauer. Ich ließ mich vom Lieferservice verpflegen und sah mir alte Videos an. Ich ging nicht ans Telefon, schaute nicht nach E-Mails, ließ niemanden an mich heran. Dass sich die Nummern der Anrufer und die E-Mails häuften, konnte ich mir denken. Es war mir egal. Ich würde nie wieder ein Reading machen. Jetzt reichte es wirklich.

Eigentlich wollte ich zur Beerdigung gehen, tat es aber nicht. Ich kam mit dieser ganzen tragischen Situation nicht zurecht. Ich wollte das alles so tief vergraben, dass ich nie wieder daran denken, nie wieder etwas davon hören musste. Was um alles in der Welt sollte ich hier lernen? Es gab so viele Fragen. Hätte ich am Tag ihres Anrufs sofort für sie da sein sollen? Hätte ich ihr sagen müssen, dass sie mich notfalls jederzeit anrufen konnte?

Eine Woche nach der Beerdigung rief mich die Polizei an, und ich erfuhr, dass es keine weiteren Fragen an mich gab und man mich nicht wieder kontaktieren würde. Der Polizist sagte, man habe ermittelt, dass Daisy ihren Selbstmord bereits lange vor dem ihres Sohns geplant hatte. Es wurden mehrere Entwürfe für Abschiedsbriefe auf ihrem

Computer gefunden, an denen sie zwei Wochen vor dem Tod ihres Sohns gearbeitet hatte.

»Eigentlich darf ich Ihnen solche Mitteilungen nicht machen«, sagte Detective Mulligan, »aber ich möchte, dass Sie die Sache auch für sich abschließen können: Sie sind nicht die Ursache dieser tragischen Ereignisse.«

Ich war unendlich erleichtert, und trotzdem plagten mich ganz in der Tiefe noch Schuldgefühle.

Auch fünf Wochen später hatte ich noch das Gefühl, dass Daisys Geist mich verfolgte. Ich sah sie in Träumen, aber sie sagte kein Wort. Ich versuchte, im Wachzustand Kontakt aufzunehmen, aber sie meldete sich nicht. Ich sagte einen meiner Termine nach dem anderen ab, war einfach zu abgelenkt. Und in diesem Zustand konnten meine Readings nur unzuverlässig sein. Der für mich typische Arbeitseifer setzte sich nicht durch gegen das dringende Bedürfnis, die Zusammenhänge zu durchschauen. War mir etwas entgangen? Wenn sie ihren Selbstmord schon die ganze Zeit geplant hatte, weshalb hatte mich ihr Sohn dann nicht gewarnt? Weshalb hatte ich so gar nichts empfangen, nicht einmal andeutungsweise? Gab es niemanden, nirgendwo, der sie retten wollte und mir einen Tipp hätte geben können? Hört mal, ihr Geister, ist das nicht eure Sache?

Ich wusste nicht, was ich tun sollte, und schaute ratlos meine Anruferliste durch. Da war Daisys Nummer. Ich wählte sie, ohne jegliche Ahnung, was ich eigentlich wollte und was mich erwartete. Vielleicht wollte ich nur ihre Stimme auf dem Anrufbeantworter hören.

Beim dritten Rufzeichen nahm jemand ab.

»Hallo?«, sagte eine Frauenstimme.

Ich spürte einen Knoten in der Magengrube und fragte: »Hallo, wer ist da?«

»Ja, also … *Sie* rufen doch an. Wer sind Sie?«

»Ich bin Thomas. Thomas John. Ich möchte mich wegen Daisy erkundigen.«

»Daisy ist tot, seit ungefähr vier Wochen. Mehr ist da nicht zu sagen. Guten …«

»Ich habe sie umgebracht«, platzte ich heraus. Es überraschte sogar mich selbst.

»Wie bitte?«

»Nun ja, ich habe ihren Tod verschuldet. Ich kann nicht weiter mit dieser Schuld leben. Sie war zwei Tage vor ihrem Selbstmord zu einer medialen Sitzung bei mir.«

»Ach, Sie sind das Medium, bei dem sie war?« Der Tonfall ihrer Frage ließ erkennen, dass Daisy ihr von der Sitzung berichtet hatte.

»Ja«, bestätigte ich.

Das anschließende Schweigen muss eine halbe Minute gedauert haben.

»Nach dem Gespräch wirkte sie ganz aufgeräumt«, ergänzte ich, »aber ich hätte es vielleicht doch kommen sehen müssen.«

»Nein, so sehe ich das nicht«, gab sie ganz ruhig zurück.

»Aber ich war vielleicht der Letzte, der ihr noch hätte helfen können«, wandte ich ein.

»Sie hatte viele Chancen im Laufe der Jahre. Ich bin ihre Schwester Eileen. Ich verstehe ein wenig von Ihrer Arbeit. Ich glaube daran. Aber meine Schwester, das kann ich Ihnen versichern, habe ich nicht immer verstanden, und mit ihrem Lebenswandel war ich oft nicht einverstanden, aber ich kannte sie sehr, sehr gut. Sie haben ihr wirklich geholfen. Daisy war schon tot, bevor sie Sie anrief. Sie war wütend, dass Justin ihr die Schau gestohlen hatte. Das klingt furchtbar, ich weiß, aber ich bin ganz sicher, dass es so war. Sie hat ihren Selbstmord wochenlang, vielleicht monatelang geplant. Sie stand keineswegs an einer Weggabelung, als sie zu Ihnen kam. Sie hatte das Ende ihres Weges bereits erreicht.«

»Ich fühle mich trotzdem verantwortlich.«

»Das lassen Sie besser sein. Daisy hat viele Entscheidungen in ihrem Leben getroffen, und manchmal wächst einem das Leben dann über den Kopf. Es gibt nur einen einzigen Menschen in unserem Leben, der über unser Schicksal bestimmt, und das ist jeder selbst. Alles andere ist Quatsch.« Sie lachte.

Wir sprachen weiter, ungefähr eine Stunde lang. Eileen erzählte, Justins Leben sei ein ständiges Auf und Ab gewesen, und das habe ganz überwiegend an seiner Mutter gelegen. Daisy trank, und wenn sie wütend war, schlug sie ihn. Sein Vater, ebenfalls Alkoholiker, verschwand einen Monat nach seiner Geburt. Eileen las mir Stellen aus Daisys Tagebuch vor und erzählte in kleinen Ausschnitten, wie das Zusammenleben gewesen war. Am Ende bedankte ich mich bei ihr dafür, dass sie sich Zeit für mich genommen und so viel zur Wiederherstellung meines inneren Friedens getan hatte.

An diesem Nachmittag besuchte mich Daisy. Sie stand in meinem Schlafzimmer, als ich gerade meine Wäsche zusammenlegte. Erschrocken und etwas verwirrt blickte ich zu ihr auf. Sie machte einen gelassenen, sehr friedlichen Eindruck. Ihre Kleidung zeigte keine kunterbunten orientalischen Druckmuster, keine kräftigen Farben, es war ein schlichter und kleidsamer weißer Umhang.

»Weshalb bist du hier?«, fragte ich kühl, aber das Herz schlug mir bis zum Hals.

»Ich möchte mich dir erklären«, lautete ihre schlichte Antwort. Sie fuhr sich mit den Fingern durch das bis auf den Rücken herabfallende Haar – nichts mehr von Knoten. Die Stimme dieses Geistes war so klar wie die des aus meinem Radiowecker plappernden DJ. Ich schaltete ihn ab.

Es trat ein langes Schweigen ein. Ich fand keinen Zugang zu ihr. Schließlich sagte ich: »Warum hast du das getan?«

»Ich konnte nicht länger auf der Erde sein. Ich musste weg. Ich wollte nicht hier sein.«

»Er hat dir sehr gefehlt, so viel weiß ich.«

»Ja, aber es war doch ein Fehler. Seit ich drüben bin, weiß ich, dass wir alle etwas zu lernen haben auf der Erde. Es gibt Seelenverträge, die wir vor unserer Geburt schließen, und die geben vor, was wir hier zu lernen haben, bis wir es beherrschen. Wenn wir uns das Leben nehmen, drücken wir uns davor. Wir stehen unserer Seele nicht mehr für das zur Verfügung, was sie vorhatte und von uns erwartete. Alle kommen mit einem gottgegebenen Sinn und Zweck ihres Lebens auf die Welt, auch die, die nur kämpfen und leiden und am Ende scheinbar scheitern. Ich habe einen Teil meiner Aufgabe nicht bewältigt. Ich habe nicht alles gelernt, was ich lernen sollte. Aber soll ich dir was sagen? Ich lerne hier drüben eine ganze Menge.«

»Du machst dich anscheinend ganz gut. Wie lernst du das alles?«

»Du weißt vieles ganz einfach, wenn du hier bist. Du

erkennst und weißt mit vollkommener Sicherheit. Wenn du hierher kommst, bist du allwissend.«

»Ich verstehe.«

»Ich gehe jetzt zurück. Wieder nach drüben.

Eines interessierte mich noch. »Waren wir gut, du und ich?«

»Wir waren großartig.«

* * *

Beim Nachdenken über diesen Tag kam ich darauf, dass »die Gabe« manchmal im Weg ist, und ein Reading einfach nicht alles abdecken kann. Ein gelungenes Reading kann die Leute über ihre Bestimmung und den verborgenen Sinn des Lebens aufklären. Sie sind dann eingestimmt auf das, was ihnen bevorsteht oder was sie zu tun haben. Es kommt aber auch vor, dass die Kernbotschaft in den vielen anderen kleinen Mitteilungen untergeht.

Ich ging es noch einmal durch: Ich habe Daisy zugehört, bis sie alles gesagt hatte. Ich habe ihr geholfen, so gut ich konnte. Jetzt besaß ich Gewissheit, dass Daisy ihrem Leben auf jeden Fall ein Ende gesetzt hätte, was auch immer das Reading erbringen mochte, welcher Geist auch immer und mit welcher Botschaft auftreten mochte. Ich hätte nichts daran ändern können, und folglich war es nicht angebracht, mir Vorwürfe zu machen.

Jeder Mensch hat sein eigenes Schicksal, an dem niemand etwas ändern kann. Es mag sein, dass Daisy nicht wusste, was sie tat. Vielleicht hatte sie gar nicht vor, mich auszutricksen, und ganz sicher wollte sie mich nicht in Schwierigkeiten bringen. Vielleicht wollte sie einfach nur Sicherheit haben, dass es den Himmel wirklich gibt.

Gesucht, tot oder lebendig

Tod ist der Schleier, den die Lebenden das Leben nennen:
Sieh! Sie schlafen ein, und er ist weggehoben.

PERCY BYSSHE SHELLEY,
Der entfesselte Prometheus (III,3)

»Und wer ist Ron? Ich sehe die Buchstaben R O N.« Das
sagte ich mit großer Sicherheit, während ich mir mit geschlossenen Augen die Ärmel hochkrempelte. Eben hatte
sich ein männlicher Geist bemerkbar gemacht, ich sah
ihn innerlich, ein großer weißhaariger Mann mit kanti-
gem Gesicht und deutlichen Grübchen. Er wirkte ganz
aufgeräumt, aber auch angespannt, ein rätselhaftes Lächeln lag auf seinem Gesicht. Er kam sehr klar rüber und
reihte Mitteilung an Mitteilung, so schnell, dass ich kaum
mitkam. Im Nacken spürte ich etwas Warmes, wie die
stille Berührung einer liebevollen großväterlichen Hand.

Als Medium wird man von den Leuten manchmal als
jemand betrachtet, der Gespenster und Tote sieht. Sicher,
ich sehe Tote, aber ich empfange auch Bilder und Gerü-
che, ich höre Geräusche, die ganz unmittelbar auf die Person hindeuten. Das ist ein wichtiger Teil meiner Arbeit,

aber als Medium wird man gern auch zum Mitspieler in einem schwindelerregenden pantomimischen Ratespiel. Ich habe Visionen von Menschen, Orten und Dingen, die wie kurze Schnappschüsse sind oder wie Montagen kurzer Filmsequenzen. Meist beziehen sich die Bilder, Empfindungen und Gedanken, die ich empfange, auf eine ganz bestimmte Person in der geistigen Welt, die mit demjenigen in Verbindung treten möchte, für den ich das Reading mache. Was da vermittelt wird, ist in manchen Fällen klar und prägnant, in anderen dagegen nebelhaft und verschwommen. Man kommt sich als Medium manchmal vor wie ein Detektiv.

Hier hatte ich nun einen Geist, der in rasend schneller und kaum leserlicher Handschrift eine Schultafel beschrieb. Er hatte schon ein paar Tafeln gefüllt, als ich endlich ein Wort entziffern konnte, nämlich »Dame«. Nein, ich sitze wirklich nicht einfach nur so rum, um mit den Verstorbenen zu plaudern.

Ronna Katzberg, die exzentrisch wirkende siebenundsiebzigjährige Frau, die ich besuchte, um eine Einzelsitzung mit ihr zu machen, saß mir mit angezogenen Beinen gegenüber auf einer Leder-Chaiselongue mit Kirschbaumfüßen, einem Erbstück ihrer Urgroßmutter, wie sie mir leutselig anvertraute. Sie war fast dünn, ihr rötliches Haar sehr kurz geschnitten, ihre gesamte äußere Erscheinung wirkte angesichts des eher bescheidenen Anlasses beinahe aufgedonnert: Schmuck an sämtlichen Fingern, dicker schwarzer Kaschmirpullover, hellbraune dreiviertellange Hose, pink lackierte Zehennägel. Den Pullover zierte eine kunstvoll gearbeitete Pfauenbrosche. Die wie Eiszapfen in der Sonne glitzernden Ohrgehänge reichten fast bis auf die Schultern, und um den Hals schmiegte sich ein hoher Kragen.

»Sagt Ihnen ›Dame‹ etwas?«, fragte ich sie und öffnete die Augen, um zu sehen, wie sie darauf reagierte.

»Dame, ja, das gehört zu meinem Mann. Dame spielt er besonders gern. Cool. Noch so was!« Sie quiekte begeistert wie ein kleines Kind. »Oh, wie ich ihn liebe«, sprudelte sie und strampelte sogar ein wenig. Sie spitzte die üppig mit pinkfarbenem Gloss versehenen Lippen und schmatzte ein Küsschen in die Luft.

Das war, was man unter Medien einen »Hit« nennt, ein Treffer: eine Information, die vom Klienten bestätigt wird. Als ich diesen Treffer landete, hatte sie einen Moment ganz still dagesessen, während sie sonst eher zappelig war. Danach allerdings tappten die Hände und Füße gleich weiter. Ich erzielte noch eine ganze Reihe weiterer Treffer, die Ronna sämtlich mit ihrem Mann verband. Es sei von einem Max die Rede, übermittelte ich, und sie identifizierte ihn als den Großvater ihres Mannes, den er sehr geliebt habe.

»Jetzt höre ich, dass ich Tootsie Rolls ins Gespräch bringen soll, diese Schoko-Karamell-Riegel.«

»Wow, wo haben Sie das denn her? Ja, am Tag unserer Hochzeit haben wir am Morgen so ein süßes Ding gefuttert, als Glücksbringer. Das war sein persönliches abergläubisches Ritual, er hatte schon während seines Zahnmedizinstudiums vor jeder Prüfung so einen Zahnzieher verspeist. Ich fand es zuerst ziemlich daneben, aber in der Rückschau ist es einfach nur süß. Solange wir verheiratet sind, heißt Tootsie Roll immer: ›Ich liebe dich.‹«

Sie unterbrach sich kurz, überlegte und dröhnte dann:

»Lesen Sie etwa *meine* Gedanken?« Sie bekam einen Lachanfall, der an eine Hyäne erinnerte, und prustete: »Ich wette, das kommt öfter mal vor, Tommy Boy!«

Die Möblierung des Zimmers war ein absonderliches Sammelsurium, sie bestand teils aus modernen Stücken, die Ronna, wie sie erzählte, im vorigen Sommer im schicken SoHo von Lower Manhattan erstanden hatte, »um mal wieder was Neues zu sehen«; und zum anderen waren es alte Familienerbstücke, von denen sie sich nicht trennen mochte. Sie liebte all die vielen Sachen, wie sie mir gleich bei der einleitenden kurzen Führung anvertraut hatte. Nur dass die Sachen leider nicht zueinander passten, sogar die Farben bissen sich. Die Bücherschränke entlang der Wände wirkten einfach vollgestopft, es war keine Ordnung zu erkennen. Bei einigen Regalen sah es so aus, als hätte sich jemand mal an die Arbeit gemacht, aber schnell wieder aufgegeben. Irgendwie bedrängte und beengte mich dieses wahllose Durcheinander.

Das ist einer der Gründe dafür, dass ich nicht so gern Hausbesuche mache und für Readings meine eigene Umgebung bevorzuge. Es fängt damit an, dass ich nicht gern unterwegs bin, schon die Fahrt mit der U-Bahn ist mir zu viel. Ich gehöre von Natur aus zu den eher nervösen und angespannten Typen, und wenn ich unterwegs bin, wird das noch schlimmer. Manche würden das vielleicht als Platzangst bezeichnen, aber ich sehe mich einfach als Gewohnheitstier. Hinzu kommt natürlich, dass ich als Medium und Hellseher besonders sensibel bin, sehr empfänglich für die Energien und Gefühlsregungen der Menschen ringsum. Das macht Aufzüge, Rolltreppen und generell Menschenmengen zu einer Herausforderung für mich.

Ich habe es auch gern, wenn der Rahmen eines Readings immer der gleiche ist – die gleiche Einstimmung, das gleiche Ritual. Als die Firma, die mir die für meine Zwecke perfekten Kerzen lieferte, vor zwei Jahren zumachte, war ich einen Monat lange geradezu panisch auf der Suche nach gleichwertigem Ersatz. Ich möchte einfach immer die denkbar reinsten Readings geben, und dazu dienen gleichbleibende Rahmenbedingungen – ähnlich wie man in der Naturwissenschaft nur unter gleichen Bedingungen zu verlässlichen und überprüfbaren Ergebnissen kommt. Ich möchte unterscheiden können, ob das, was ich wahrnehme, mit dem Geist beziehungsweise dem Fragesteller zu tun hat oder ob es aus der Umgebung kommt.

Für Ronna hatte ich eine Ausnahme gemacht. Ich hatte nicht nur ihre Mutter gekannt, sondern sie war auch gut mit einem meiner Klienten befreundet, der mir sehr am Herzen lag. Als Ronna anrief, um einen Termin für eine Sitzung zu vereinbaren, fügte sie gleich hinzu, sie finde sich in der Stadt nicht zurecht, wenn sie allein unterwegs sei. Zufällig hatte ich ohnehin in zwei Wochen eine Fahrt in ihre Gegend vor, um einen Cousin zu besuchen, den ich lange nicht gesehen hatte. Ronna war es recht, dass ich meinen Hausbesuch bei ihr auf diesen Termin legte.

»Und wieso erzählt Ihr Mann mir jetzt von Zuckerstangen?«, fragte ich weiter. Ich hatte gerade etliche Zuckerstangen gesehen und sogar kurz den künstlichen Geschmack mit fadem Minzaroma im Mund gehabt.

»Ronnie ist ganz versessen auf Zuckerstangen«, krähte sie munter. »Wir sind zwar Juden, aber zu Weihnachten gibt es bei uns immer Zuckerstangen. Minze oder Kirsch, die mag er am liebsten.«

»Und haben Sie eine Ahnung, wer J ist? Eine Frau? Vielleicht Judy?«

»Das ist seine Mutter! Sie lebt nicht mehr. Ich kann Ihnen sagen, von dieser alten Schachtel haben wir nie irgendetwas bekommen. Sie war dick und hat sehr gern gekocht. Als ich sie kennenlernte, war sie vollkommen in Rot gekleidet, von Kopf bis Fuß rot. Glauben Sie mir, wir haben nie gute Konzertkarten bekommen – sie schon! Ich habe sie gehasst, aber sie war einfach wunderbar, nur dass sie nie irgendwas für mich getan hat.« Ronnas Sätze schwappten einer in den anderen über, ich konnte ihr manchmal kaum folgen oder auch nur die Worte verstehen.

Es ist durchaus nicht ungewöhnlich, dass bei einem Reading auch Geister auftreten, die gar nicht vorgesehen waren. Ihre besitzergreifende verstorbene Schwiegermutter, Ihr toter Schulfreund oder dessen Hund – lauter Kandidaten, die bei einem Reading erscheinen könnten. Wenn ich mich auf die geistige Welt einstimme, bin ich nur Übermittler von Nachrichten. Manchmal wird sogar jemand, für den das Reading gemacht wird, zum Boten bestimmt. Er oder sie wird vielleicht beauftragt, etwas an einen Dritten auszurichten, mit dem sie gar nicht viel zu tun haben, aber der Geist hat nun mal beschlossen, diesem Dritten etwas mitzuteilen. Die Geister sind immer darauf bedacht, uns ihr Wissen zu vermitteln, und sie nehmen zu gern Anteil an unserem Leben.

»Jetzt sagt Ihr Mann, es tue ihm leid, dass er so plötzlich gegangen ist. Er sagt, es sei sehr schnell gegangen und ohne Schmerzen.«

»Gegangen?«, fuhr sie auf. Sie hatte eben eine Handvoll Mandeln eingeworfen und hielt abrupt im Kauen inne. Sie sah mich ratlos an.

»Ja, gegangen«, bekräftigte ich leise. »Er spricht von seinem Tod.«

»Nein, tut mir leid, da irren Sie sich. Ronnie ist nicht tot. Wir sind bei Pepino verabredet, wenn das hier fertig ist. Da ist heute Martini …« Sie verschluckte sich an den Mandeln. »Da ist heute Martini-Night.«

Mir ging ein Stich durch die Brust. Der Puls wurde schneller, und ich fing an zu schwitzen. »Aber er sitzt hier und redet mit mir«, sagte ich.

»Ronnie?«

»Ja. Jetzt sagt er eben: ›Ich bin's, Ronnie.‹« Er war es wirklich. Was jetzt?

»Nein, das kann nicht sein! Er lebt. Vielleicht ist es sein Vater, Robert. Ich habe ihn nie kennengelernt, aber ich glaube, Vater und Sohn waren sich sehr ähnlich.« Sie versuchte, mit einem höflichen Lächeln darüber hinwegzugehen. Was blieb ihr auch? Sie musste das, was gesagt wurde, irgendwie so einordnen, dass es ihrem Realitätsbild entsprach. »Ro stimmt, aber der Rest nicht«, lachte sie laut und betont munter.

Nun kenne ich mich aber mit Toten wirklich gut aus. Ich begegne sicherlich so vielen Verstorbenen wie ein amtlicher Leichenbeschauer. Ich habe mit Tausenden Geistern gesprochen, mit jungen und alten, mit neuen und jahrzehntelang toten, mit Geistern von Hunden, Katzen und Vögeln, einmal sogar mit dem einer Ziege (das war eine ziemlich abgefahrene Sache). Jeder hat etwas ganz Eigenes zu vermitteln. Manchmal kommen sie mit tröstenden Worten, um ihren Lieben auf der Erde den Rücken zu stärken. Es kann auch sein, dass sie selbst noch keine Ruhe finden können und vor ihrem Übergang noch etwas abschließen müssen. Oft handelt es sich um Stippvisiten mit Hallo und Tschüss. Jedenfalls weiß ich, worum es sich jeweils handelt. Es ist real. Es ist nicht möglich, einen Ehemann als Toten zu sehen, solange er noch lebt. Bei den wirklich wichtigen Dingen ist kein Irrtum möglich.

Aber der Zweifel kann ein heimtückisch bohrender Unhold sein. Außerdem war es wirklich nicht vorstellbar, dass Ronna nichts wusste, sollte ihr Mann tatsächlich gestorben sein. Ich kenne natürlich den Fall, dass ein Klient einfach nicht wahrhaben will, was bei einem Reading mitgeteilt wird. Da war zum Beispiel diese Mutter, die als Geist erschien und sich für ihre Trunksucht entschuldigte. Ihre erwachsenen Kinder waren jedoch nicht bereit, sie als Alkoholikerin zu sehen, und konnten diese Mitteilung einfach nicht annehmen.

Waren hier irgendwelche Drähte falsch angeschlossen? Nahm ich die Energien eines Lebenden auf und transformierte sie in die eines Toten? Also, ganz ruhig und der Reihe nach, auch wenn alles bereits zu verschwimmen begann und meine Fantasie Purzelbäume schlug. Redete sich Ronna ein, ihr Mann sei noch am Leben? War er schon jahrelang tot, und sie leugnete es einfach? Ich hätte jetzt gern einen Blick ins eheliche Schlafgemach geworfen. Lag er da vielleicht aufgebockt und verwesend im Bett, der Gestank mit Reinigungs- und Desinfektionsmitteln erstickt? Ich musste mich dringend neu einstimmen, das Reading war drauf und dran, mir zu entgleiten.

Mir war übel, der Rücken tat weh. Ich war total durcheinander und gestresst, das Ganze war mir höchst unangenehm. Die Ohren sausten, im Kopf wirbelten die Gedanken umher: Wenn ich hier falschlag, wie oft mag es mir dann wohl früher schon passiert sein? Wie viele tote Mütter, Söhne, Großväter mag ich schon in allen Einzelheiten geschildert haben, die tatsächlich quietschlebendig in Florida oder sonst wo lebten? Hatten es die Leute einfach nicht übers Herz gebracht, mich aufzuklären?

Ich musste mich unbedingt von meinem Ego lösen, von dieser Seite an mir, die recht haben musste. Ich holte tief Luft und entschuldigte mich für einen Moment, um die Toilette aufzusuchen. Ich brauchte etwas Freiraum, um innerlich ruhiger zu werden. Ich wusch mir die Hände. Hier im Bad standen die Dinge seltsam unmotiviert herum und passten nicht zueinander. Das Waschbecken war einfach eine Edelstahlmulde auf einem schwarzen Podest, keinerlei Ablage. Es wirkte wie ohne jeden Sinn für Funktionalität hingestellt. Der Spiegel, in den ich mit leerem Blick starrte, hatte einen goldenen Rahmen in der Gestalt eines Drachen mit roten Steinen als Augen. Der Blick dieser Augen schien zu sagen: »Angeber! Alles nur vorgespiegelt, du Loser, du Freakshow!« Ich zwang mich, wieder mein Spiegelbild anzuschauen. Das Gesicht war rot angelaufen, mir war speiübel.

»Ist er tot oder nicht?«, fragte ich, verzweifelt auf eine Antwort hoffend. Dann fiel mir Ronna ein, die drüben im Wohnzimmer saß.

Als ich eintrat, saß sie noch da wie zuvor. Sie hatte sich Wasser nachgefüllt und hielt einen Skizzenblock. Irgendwie schien mir, dass dieses entgleiste Reading sie erst recht neugierig machte.

»Tut mir leid wegen …«, setzte ich an, aber sie unterbrach mich sofort: »Das meinen Sie doch nicht im Ernst. Ich finde es ganz toll.« In Worten und mit den Händen machte sie bitte bitte, ich solle doch unbedingt weitermachen.

Ich sah ihr beim Kritzeln zu. »Also«, sagte sie, »wen können Sie mir sonst noch präsentieren? Ich bin bereit, auf geht's.«

Ich kam ihrem Wunsch nach. Die Geister standen förmlich Schlange, einer nach dem anderen, immer mehr. Es war auch Ronnas verstorbene Mutter dabei, die ihrem einzigen Kind einiges an Leckerbissen zu bieten hatte. Sie brachten sich gegenseitig auf den neuesten Stand wie alte Freundinnen beim Klassentreffen. Dann trat ihre Großmutter auf, und dazu sah ich eine Szene von einem Autounfall mit zwei Toten. Das fand Ronna besonders spannend und bestätigte, ihre Großmutter und deren beste Freundin Eliza seien bei einem Autounfall ums Leben gekommen, als ihre Mutter neunzehn war.

Sie schrieb wie besessen mit und notierte wie eine Gerichtsreporterin alle Namen, Orte und Daten, die ich nannte. War ein Blatt voll, riss sie es ab und warf es mit dramatischem Schwung in die Luft, um gleich weiterzukritzeln. Einmal wollte der Stift nicht mehr schreiben, und sie fuhr mit ihm wie besessen auf ihrem Block hin und her, um ihn wieder in Gang zu bringen.

Nach etwa einer halben Stunde merkte ich, dass meine Verbindung zur geistigen Welt schwächer wurde. Ich sah Ronna an. Sie zwinkerte mir zu.

»Also, das war wirklich allerhand«, sagte sie und erhob sich von ihrer Chaiselongue. Dabei schnürte sie sich ihre Hose so eng um die Hüfte, dass ich für einen Moment dachte, sie werde reißen. Wir gingen zusammen zur Tür, und Ronna bedankte sich für meinen Hausbesuch. Ich dagegen fühlte mich dumpf und leer. Ausgelaugt.

Sie schien das zu spüren und sagte: »Und machen Sie sich bloß keine Gedanken, weil Sie Ronnie für tot gehalten haben. Komischer Gedanke, muss ich sagen. Was ich wohl tun würde, wenn er tatsächlich hinüber ist?« Wieder lachte sie prustend und fügte hinzu: »Ich weiß, wie das ist. Ihr seid eben auch nicht der Herrgott.« Sie gab mir einen Klaps auf den Rücken, wie es der Trainer bei einem Spieler macht, der eine Torchance vergeben hat. Ich ließ mir nichts anmerken, aber es wurmte mich doch. Sie lachte mich aus, ich kam mir ganz klein und hässlich vor.

Ich ging die breite Wendeltreppe hinunter und vors Haus, wo in der Einfahrt mein Wagen stand. Ich mochte mich nicht mehr umdrehen, mochte mich nicht noch einmal Ronnas Blicken aus vielleicht spöttisch blitzenden Augen aussetzen.

Während der Fahrt jagten sich in meinem Kopf weiter die Gedanken. Sollte ich diese Welt der Hellseherei ganz hinter mir lassen? Wie lange würde ich für die Auflösung meiner Praxis brauchen? Hatte ich noch Chancen, mich an der Universität einzuschreiben? Was sollte ich studieren? Würde Ronna ihren Freundinnen brühwarm alles über diesen Quacksalber erzählen, der Tote nicht von Lebenden unterscheiden konnte? Würden die Leute über mich lachen? Neben mir hupte es. In meinem Tran driftete ich auf die andere Fahrspur, ohne es zu merken. Auf der Rückfahrt nach Chelsea verfuhr ich mich ein paarmal, bis ich schließlich anhielt, den Warnblinker einschaltete und einfach dasaß, um mich ein wenig zu beruhigen. Danach war ich etwas entspannter, fuhr betont langsam und aufmerksam zum Parkhaus, stellte den Wagen ab und schloss eine lange Joggingrunde an.

In der nächsten Woche hatte ich eine Nachricht von Ronna auf dem Anrufbeantworter. Sie sagte, sie brauche einen weiteren Reading-Termin, und ich möge sie doch bitte bald zurückrufen. Das kam für mich nicht überraschend. Viele, die ihre erste Sitzung als gewinnbringend empfinden, möchten gern weitere anschließen, weil so viele neue Fragen auftauchen. Meine Assistentin rief zurück, bekam aber ebenfalls nur den Anrufbeantworter. Sie bedankte sich bei Ronna für den Anruf, fügte aber hinzu, dass ich in der Regel für ein und denselben Klienten nur einmal pro Halbjahr ein Reading mache. Häufigere Termine führen nach meiner Erfahrung gern zu einer gewissen Abhängigkeit von den Mitteilungen der Geister. Als ich an diesem Abend meine Tasche packte und die Praxis verlassen wollte, erschien Ronnas Nummer wieder auf dem Display. Ich nahm ab, was zu dieser Tageszeit eigentlich ganz untypisch für mich ist.

»Hier ist Ronna«, sagte sie. »Ich muss unbedingt mit Ihnen sprechen. Es ist sehr wichtig.«

»Was gibt es denn?«

»Sie haben mir doch von Ronnie erzählt, erinnern Sie sich.«

»Natürlich erinnere ich mich.« Die ganze peinliche Verlegenheit war wieder da. Ich spürte, wie ich rot anlief.

»Ja, und wissen Sie was, Ronnie ist nicht zu unserer Verabredung an diesem Abend erschienen. Da war mir natürlich angst und bange, also bin ich in sein Büro, und da lag er, tot. Er wollte Papierkram erledigen und war ganz allein. Der Gerichtsmediziner sagte, er sei vermutlich bereits am Vormittag gestorben, Herzinfarkt. Wahrscheinlich hatte er den ganzen Tag dort gelegen.«

Mir schwindelte, alle Haare stellten sich auf.

»Deshalb muss ich jetzt annehmen«, fuhr sie fort, »dass sich bei unserem Reading tatsächlich Ronnie zu Wort melden und mir etwas sagen wollte. Er war wohl tatsächlich tot, Sie hatten recht.« Sie begann mit tiefen Schluchzlauten zu weinen. Mühsam fügte sie an: »Ich muss mit ihm reden, ich muss hören, ob er mir etwas sagen möchte. Es tut mir jetzt schrecklich leid, dass ich bei unserem Reading nicht auf ihn eingegangen bin. Das macht mir großen Kummer.«

Es fällt mir jetzt noch schwer, meine Gefühle in diesem Augenblick zu schildern. Ich hatte mich in dieser so wichtigen Sache nicht geirrt, ich hatte nicht den Verstand verloren, und darüber war ich natürlich erleichtert. Andererseits machte es mich traurig, dass wir auf die erste Mitteilung eines Verstorbenen nach seinem Übergang nicht eingegangen waren. Ich hörte Ronna weinen und blickte zugleich auf die Straße hinunter. Es bot sich der Eindruck, den die Park Avenue jeden Tag zur nachmittäglichen Hauptverkehrszeit bietet: dichter Verkehr, Hupen, hastende Fußgänger. Alles so lebendig wie immer.

* * *

Es war ein frischer, kühler Tag, als Ronna und ich uns zu ihrem zweiten Reading trafen, elf Tage nach dem ersten. Ich trug heute wegen der neuen Fliederkerzen aus dem Namaste Bookshop, deren Duft mir in die Nase stieg, etwas schwerer an meiner Ledermappe. Es hatte eigentlich ein freier Tag für mich werden sollen, aber ich hatte alles so umorganisiert, dass ich Ronna um neun am Vormittag treffen konnte. Ich war etwas spät dran und sah sie bereits im Wartebereich auf und ab gehen, als ich meine Praxis erreichte.

»Können wir gleich anfangen?«, fragte sie, als ich aufschloss.

»So gut wie«, erwiderte ich. »Einen Moment noch.« Ich stutzte. Wie kühl, beinahe arrogant das geklungen hatte. Aha, die Nerven wollten mit mir durchgehen. Mein Mund war trocken, die Hände feucht. Gänsehaut.

Ich meide normalerweise den Kontakt mit frisch Verstorbenen. Nach meiner Erfahrung wird die Verbindung besser, wenn die Leute mindestens zwei bis drei Monate tot sind. Rons Geist jedoch war schon beim ersten Reading klar und deutlich aufgetreten, und ich konnte damit rechnen, dass es wieder so werden würde. Außerdem würde dieses zweite Reading in meiner vertrauten Arbeitsumgebung stattfinden, ohne grelle Farben und überbordende Dekoration. Hier bei mir war alles ganz unaufgeregt, ein weitaus besseres Umfeld für ein gutes Reading.

Als Ronna hereinkam, unterschied sich ihr Auftreten deutlich vom ersten Mal, sie war viel ruhiger, zurückhaltender und auch schlichter gekleidet, weniger farbenfroh und trug dezenteren Schmuck, nur Perlen und schlichte Ohrringe zum schwarzen Hosenanzug: unaufdringliche

Eleganz. Beim ersten Reading hatte sie mich ganz unverfroren gemustert und alle Bewegungen genau verfolgt. Diesmal konnte sie mir nicht einmal in die Augen sehen. Auf ihrem Weg zur Couch bewegte sie sich, als hätte sie Muskelkater, es erinnerte mich an die Bewegungen von Läufern nach einem Marathon. Ich zündete eine Kerze an, das übliche Ritual, bei dem mein Klient ein wenig zur Ruhe kommen kann. Sie holte ein Päckchen Papiertaschentücher aus ihrer Handtasche und steckte sie zurück. Dann holte sie sie wieder heraus und legte sie vor sich auf den Tisch. »Kann ich die hierhin legen?«, fragte sie. Ich nickte, und es kam zum ersten Blickkontakt.

»Sie hatten recht«, begann sie. Ich zuckte ganz leicht zusammen, diese Worte wirkten so gegenstandslos. Ich wollte ja nichts beweisen. Immerhin spürte ich aber doch eine deutliche Erleichterung. Vielleicht war ich der erste Mensch, dem die Begegnung mit einem Gespenst bestätigte, dass er *nicht* verrückt war.

Eine Polizeisirene in der Ferne verstärkte meine nervöse Anspannung noch. Diesmal bestand kein Zweifel, von wem Ronna etwas hören wollte, aber mir war doch ein wenig mulmig zumute.

Ronnie war mühelos zu empfangen. Man spürte, wie froh und aufgeregt er war. Er sprang von einem Thema zum nächsten, sprudelnd, jetzt ging es um seinen Tod, danach um seine Kindheit, dann um den Tag der Trauung, dann um die Tochter.

Als ich einen Blick zu Ronna hinüberwarf, saß sie entspannt da, ihr Gesicht war offen, in der Aura keine Unruhe. Kein Kritzeln, keine wild gestikulierenden beklunkerten Hände. Es war eine starke und gefühlsbetonte

Verbindung zu Ronnie, er wurde sogar ein bisschen penetrant und korrigierte mich in dem, was ich an Ronna weitergab. Diesmal wurde nicht an der Realität seines Erscheinens gezweifelt, und er konnte alles loswerden, was er mitzuteilen hatte. Innerlich hörte ich ihn sagen: »Ich möchte gehört werden.« Es war wie eine dieser stimmlosen Stimmen, die manchmal in unserem Kopf laut werden.

Ronnie erzählte von den Dingen, mit denen er unmittelbar vor seinem Tod beschäftigt gewesen war. Es war ihm wichtig, dass Klarheit über sein Sterben herrschte, das ließ sein systematischer und detailreicher Bericht erkennen.

»Er sagt, dass er keine Schmerzen gehabt hat«, teilte ich Ronna mit und legte die Hand auf die Brust. »Er hat sich schwach gefühlt und ist dann umgefallen.« Mir schwindelte ein wenig.

»Das hatte ich gehofft«, sagte sie.

»Er hat sich, sagt er, nicht gut um sich selbst gekümmert, obwohl er Arzt war«, setzte ich den Bericht fort. Dem war ein Moment des Klarwissens vorausgegangen, in dem ich nichts Bestimmtes hörte oder fühlte, aber plötzlich einfach wusste – wie einem manchmal ein Gedanke wie aus heiterem Himmel kommt. Ich öffnete die Augen, um ihre Reaktion einzuschätzen. Ich wollte sie nicht überfordern.

»Ja, die anderen gingen immer vor, und seine eigene Gesundheit hat er vernachlässigt.« Ronna seufzte, eine Träne rollte ihr über die Wange.

»Das ist bei Männern sehr verbreitet«, wandte ich beschwichtigend ein. Ich vermeide es normalerweise, zu coachen oder Ratschläge zu geben, aber Ronnas Schmerz war noch so frisch, und ein tröstendes Wort schien mir angebracht.

Aber es gab noch mehr auszurichten. »Er spricht jetzt über das Haus. Irgendetwas hinter dem Haus oder im Garten.«

»Ja, was denn?« Sie sah aus dem Fenster, wie um sich auf etwas zu besinnen, was ihr Mann meinen könnte.

»Er erzählt von etwas, was da draußen vergraben ist. Sie haben da zusammen etwas vergraben.« Der Geist zeigte mir ein Loch mit Erde ringsherum.

»Ach ja, das habe ich ganz vergessen. Wir haben eine Zeitkapsel gemacht und da vergraben. Möchte er, dass ich sie öffne?«

Auf dem Tisch flackerte ein Licht.

»Ich habe außerdem etwas von einer Susan gehört.«

»Ich wüsste nicht, dass ich eine Susan kenne«, sagte Ronna. »Aber ich sehe zu, ob sie mir wieder einfällt.«

»Er hat auch einen Jerome oder Jerry erwähnt«, ergänzte ich.

»Diese Namen sagen mir nichts, aber ich behalte sie natürlich im Hinterkopf.«

Nach einer Stunde hätte das Reading eigentlich zu Ende sein sollen, aber um zehn und darüber hinaus redete Ronnie immer noch, und ich channelte weiter. Mir war nicht ganz klar, was ihn so redselig machte. Es lag wohl daran, dass er mit seiner Frau in Verbindung sein wollte.

Um halb elf wusste ich, dass es jetzt genug war. Es war eine überlange Sitzung gewesen. Normalerweise dauern sie bei mir eine halbe bis eine Stunde. Erstaunlicherweise fühlte ich mich trotzdem nicht müde. Es war eine gute Sache, dass sich die um Ronnie geballten Energien lösen konnten, die ganze Verwirrung, die Fragen, das Hin und Her. Es wirkte reinigend, aufrichtend, erleichternd. Aber neunzig Minuten waren genug. Ronnie sollte in die geistige Welt zurückkehren können, wohin er gehörte. Zu viele Kontakte sind weder für den Verstorbenen noch für die Hinterbliebenen gesund. Die Toten müssen sich in ihre neue Daseinsform einleben können, und ständiger Austausch mit den Hinterbliebenen erleichtert ihnen das nicht gerade. Eines hatte ich jedoch von Ronnie noch auszurichten, bevor wir abschlossen. Ronna sollte wissen, dass er auch aus ihrer Familie einige auf der anderen Seite getroffen hatte, sogar entfernte Verwandte, die lange vor dem ersten gemeinsamen Verzehr von Tootsie Rolls gestorben waren.

»Nur weiter«, sagte Ronna und wischte sich die Augen. »Ich will alles hören, was es auch sei.« Ihre Stimme war ganz weich, so stark ihr Verlangen auch sein mochte.

»Ich finde, wir sollten jetzt wirklich aufhören«, sagte ich. »Wir haben die Zeit schon weit überzogen, und es fällt mir schwer, die Verbindung so lange zu halten. Außerdem besteht die Gefahr, dass meine Übersetzungen unzuverlässig werden.«

Sie seufzte. »Gut, das wissen Sie natürlich am besten. Aber ich kann wiederkommen, ja?«

»Aber natürlich«, versicherte ich ihr.

»Ich weiß nicht, wie ich Ihnen danken soll. Es hilft ganz schön, wenn man weiß, dass sie um einen sind. Es gibt einem wirklich zu denken. Ich fühle mich, als hätten wir einen ziemlichen Kampf bestanden.«

»Es war sicherlich ein Erlebnis«, erwiderte ich, und es fiel mir nicht ganz leicht, dabei zu lächeln.

Wir saßen noch eine Weile schweigend zusammen. Die Wanduhr tickte laut.

»Ronnie, es tut mir so leid«, brach es plötzlich aus ihr heraus. Dann sah sie mich an und fragte: »Hören sie uns, wenn wir sie ansprechen?«

Ich nickte. »Ja, sie sind nie weit weg.«

»Es tut mir leid, Ronnie, dass ich dir nicht zugehört habe, als du mir etwas sagen wolltest. Aber ich weiß, dass du es jetzt gut hast. Ich liebe dich so.« Sie lächelte schwach. »Wissen Sie, ich hatte mir vorgestellt, dass es Spaß macht, solche Verbindungen aufzunehmen, und so war es ja auch. Aber eigentlich ist es eine seelische Erfahrung, nicht wahr?«

»Ja.«

Sie erhob sich schwerfällig von ihrem Sitz und stützte sich auch auf dem Weg zur Tür an der Wand ab, als könnte sie das Gleichgewicht nicht halten. Sie wirkte seit Ronnies Tod irgendwie reduziert, als wäre nur noch ein Teil von ihr vorhanden, klein, ganz anders als diese rauschende Erscheinung, als die ich sie kennengelernt hatte. Sie machte einen schwachen, beinahe gebrochenen Eindruck, als sie zum Aufzug ging. Um ihre Augen war es dunkel, grau wie ein Regentag.

Als ich die Tür hinter ihr geschlossen hatte, kam eine große Ruhe über mich. Ich atmete tief aus und lehnte mich von innen gegen die Tür. Der Kopf dröhnte noch, aber das Herz schlug schon ruhiger. Die ganze letzte Woche war ich müde und reizbar gewesen – und entsprechend bissig waren viele meiner Reaktionen ausgefallen.

Ich stand unter Strom, als Ronna mir noch nicht erzählt hatte, dass ihr Mann tatsächlich tot war, und auch danach war es nicht viel anders.

Ich blickte nach draußen in den strömenden Regen. Er hatte etwas Erfrischendes und Reinigendes nach all dem Beklemmenden der letzten beiden Wochen. Etwas Neues konnte beginnen. Meine schwere, düstere Stimmung hatte wahrscheinlich damit zu tun gehabt, dass Ronnies Geist sich noch herumtrieb, weil er nicht damit zurechtkam, dass seine Frau sich nicht mit ihm abgeben mochte. Jetzt konnte er endlich ganz auf die andere Seite hinüberwechseln, um dort seinen eigenen Weg einzuschlagen und zu lernen, was zu lernen war. Er hatte Frieden. Wir Übrigen auch.

Dank

Die Entstehungsgeschichte dieses Buchs reicht dreißig Jahre zurück, und ich bin vielen Menschen zu Dank verpflichtet.

Zuerst und vor allem habe ich meinen Klienten zu danken, die ich in den sieben Jahren meiner Praxis als Medium begleiten durfte, die zu mir stehen und mir viele Denkanstöße geben. Das hier ist euer Buch, es sind eure Geschichten, danke, dass ihr die Welt hören lasst, was eure Seele flüstert. Besondere Erwähnung verdient meine liebe Freundin Anne, die von ihrem Reading vor fünf Jahren so berührt war, dass sie beschloss, mir hundert neue Klienten zu verschaffen. Ich glaube, Anne, diese Zahl hast du inzwischen längst überschritten.

Dank auch an meine Familie, meine Mutter, die immer für mich da war – ich hoffe, du kannst dich in dem Gefühl sonnen, die erste »Helikopter-Mutter« zu sein, die dafür auch noch geliebt wird. An meine Schwester Kelly und ihren Verlobten David sowie meine zweite Schwester Kara, danke für Rückhalt, Liebe, Freundschaft und Lachen. An meinen Stiefvater Gerard, den wahren Gentleman, danke für die Liebe, die du meiner Mutter und der Familie entgegengebracht hast.

Meiner lieben Freundin Laura Jean Smith, die mir wie eine zweite Mutter war, beim Aufbau meiner beruflichen Laufbahn half und die ersten Medienauftritte vermittelte, bin ich ewig dankbar. Was für eine wunderbare Verbindung wir in diesem Leben und anderen haben! Möge dein Geist immer weiter in Weisheit und Liebe erstrahlen.

Danke, D, du bedeutest mir sehr viel, mögen die kommenden Jahre, viele Jahre, uns noch mehr Lachen und Küsse und schöne Erinnerungen bringen. Wie gut, dass du mich nehmen kannst, wie ich bin, aber auch mit Entwicklungsanstößen versorgst.

Dank an meine Freunde, die langjährigen und neueren – ich schätze mich wirklich glücklich, in so vielen liebevollen und Rückhalt bietenden Freundschaften geborgen zu sein. Ich wäre schon froh, sagen zu können, dass ich euch ein halb so guter Freund bin, wie ihr es mir seid. Humor ist das, was uns verbindet. Ohne Steve Kopp, Josh Garcia, Daniel D'Ottavio, Marcy Cole, Jimmy Floyd, Lynne White, Joel Schnell, Francky L'Official, Chilli Pepper, Marisa May, Christina Carathanassis (und »The Family«), Jason Scarlatti und Trey Watkins, Debbie Nigro, Jennifer McCrea, Joelle Soliman, Pam Linehan, Eileen Brown und Heide Banks hätte ich weitaus mehr tote Freunde als lebende. Danke, dass ihr mir ermöglicht, immer einen Fuß in dieser Welt zu haben.

An meine großen spirituellen Lehrer und alle in der Community, vor denen ich größte Hochachtung habe: Jodi Serota, John Edward, Jeffrey Wands, Rita Berkowitz, Zenobia Simmons, Donnaleigh de La Rose, Paul Selig, Terry und Linda Jamison, Monte Farber, Amy Zerner, Echo Bodine und andere. Von euch durfte ich direkt oder durch euer Vorbild lernen.

An Bert Cohler, der in mancher Hinsicht mein erster Lehrer war. Die Erinnerung an dich lebt weiter.

An meine unermüdlichen Helferinnen Donna McDine, Barbie Schassler und meine beiden Schwestern Kelly und Kara – ich wüsste wirklich nicht, wo ich ohne euch wäre. Im Chaos vermutlich. Danke, dass ihr mich immer »in der Spur« haltet. Dank auch an Giselle Ross, die immer bereit war, Hand anzulegen, wenn Hilfe nötig war.

Sehr dankbar bin ich auch meinen »Öffentlichkeitswerkern«, die alles darangesetzt haben, meine Arbeit einem breiteren Publikum zugänglich zu machen, insbesondere Lisa Schneidermann, Norah Lawlor und Nancy Kane. Etlichen Autoren, Produzenten und prominenten Klienten – darunter Merle Ginsberg, Celeste McLaughlin, Carla Pennington, Michelle Wendt, Eileen Cope, Adam Block, Jenny McCarthy, Sonja Tremont-Morgan, Courtney Cox, und Anne Radecki – habe ich zu verdanken, dass ich heute auf der Landkarte verzeichnet bin.

Meinem Verlag Hampton Roads, insbesondere Greg Brandenburgh und Bonni Hamilton, danke ich für die Chance, die ich bekommen habe. Dank auch an Margaret Santangelo und Alix Strauss, die mehrere Fassungen des Manuskripts gelesen haben.

Zu großem Dank fühle ich mich schließlich auch den Verstorbenen verpflichtet. Was wäre ein Medium ohne sie? Ich danke euch für Anleitung und Worte der Weisheit. Ich höre immer zu.

Mögen wir in diesem Leben lachen und lieben und das auf der anderen Seite fortsetzen.

Über den Autor

Thomas John, der neue Star unter den Hellsehern und Medien, hat sich durch Tausende von Readings überall auf der Welt einen Namen gemacht. Das Online-Magazin *Hollywoodlife.com* bezeichnet ihn als das »Promi-Medium von New York City«. Er hat bereits etliche Fernsehauftritte hinter sich, und Dutzende Zeitschriften und Zeitungen haben Berichte über ihn verfasst, darunter das *Wall Street Journal*, die Magazine *New York* und *OK!*, die *New York Post* und der *Hollywood Reporter*. Er zeichnet sich darüber hinaus durch eine rege Vortragstätigkeit aus, und auf der Liste seiner Klienten stehen Namen wie Courtney Cox, Julianne Moore, Stevie Nicks und Goldie Hawn.

www.mediumthomas.com